NOTICE

HISTORIQUE ET DESCRIPTIVE

SUR L'EGLISE

DE NOTRE-DAME DE CHARTRES;

PAR A. P. M. GILBERT.

PARIS,

DE L'IMPRIMERIE DE J. B. SAJOU,

Rue de la Harpe, n.° 11.

1812.

Extrait du Magasin Encyclopédique Juin et Juillet 1812. Journal pour lequel on s'abonne chez J. B. SAJOU, imprimeur, rue de la Harpe, n.° 11.

NOTICE

HISTORIQUE ET DESCRIPTIVE

SUR L'EGLISE

DE NOTRE-DAME DE CHARTRES.

Malgré les nombreux ravages, commis à la suite des événemens de 1789, la France possède encore une quantité de monumens, improprement appelés gothiques, remarquables par la grandeur, la beauté et la délicatesse de leur structure. Ces monumens élevés par la piété de nos rois, des seigneurs particuliers, des évêques et des fidèles en général, ont été heureusement préservés de la destruction, par le zèle et la bienveillance de plusieurs citoyens de chaque ville, qui se sont intéressés à leur conservation. De ce nombre est l'Eglise de Chartres, édifice admirable par son exécution et par son ordonnance. J'ai considéré attentivement ce vaste monument sous tous les aspects qu'il présente, et la Notice détaillée que je vais en donner est le résultat des remarques et des observations que j'ai faites sur sa structure, pendant mon séjour à Chartres (1).

(1) L'accueil flatteur que nous avons reçu de MM. Billard, maire de la ville, Chevard conseiller de pré-

L'étude des monumens du moyen âge est une école aussi utile pour l'histoire de l'art, que pour celle de nos mœurs et de nos usages. Elle nous apprend des faits que nous chercherions en vain dans les livres. A cette époque reculée où les sciences et les arts étoient en quelque sorte relégués dans les cloîtres, on n'avoit guères que les secours des pierres et des marbres pour transmettre à la postérité les faits qui pouvoient l'intéresser ou l'instruire. C'est sur les murs des édifices religieux que le peuple, tant des villes que des campagnes, apprenoit à connoître les mystères de la religion. Des tableaux peints sur verre, ou sculptés sur la pierre, parloient continuellement à ses yeux, et gravoient profondément dans sa mémoire les préceptes qu'il recevoit de la bouche de ses ministres. Tel a été le but des différens architectes qui ont dirigé la construction de nos temples, dits *gothiques*, et particulière-

fecture, et Masson nous fait un devoir de consigner ici les témoignages de reconnoissance que nous devons à ces Messieurs, qui, dans le voyage que nous avons fait pour étudier ce monument, ont bien voulu nous faciliter les moyens de l'examiner jusques dans les plus petits détails. Nous avons cru qu'il seroit intéressant de faire connoître aux artistes et aux amateurs des arts, un monument sur lequel on n'a eu jusques à présent que des notions superficielles.

ment de celui de Chartres, dont toutes les sculptures attestent la simplicité des siécles qui les ont produites, en même temps qu'elles présentent, par la variété des formes, l'état de l'art dans les différentes époques qui ont précédé sa renaissance.

L'origine des temples consacrés à la Divinité justifie le zèle des premiers pasteurs pour la propagation de la foi. Cette origine, toujours obscure, mérite un examen particulier dans celle de l'Eglise de Chartres.

On trouve, dans plusieurs manuscrits anciens sur l'histoire de cette ville, ainsi que dans l'ouvrage de l'avocat Roulliard (1), que les Druides ou prêtres gaulois (qui vaquoient aux exercices de leur religion dans une grotte sur le sommet de la colline sur la-

---

(1) *Parthenie, ov Histoire de la très-avgvste et très-dévote Eglise de Chartres; dédiée par les vievx Drvides, en l'honnevr de la Vierge qui enfanteroit, etc.*, par M.ᵉ Sébastian Rovlliard, de Melvn, advocat au parlement. Paris, *Thierry*, 1609, in-8.º. Ouvrage dans lequel l'auteur donne un libre cours à sa crédulité. « C'est l'assemblage d'une infinité de « fables ou de faits controuvés. Le peu de bon et de « vrai est sans ordre, et enveloppé d'une érudition « fatigante, qui, jointe à beaucoup de partialité, dé- « goûte le lecteur. » *Histoire de la ville de Chartres, etc.*, par M. Doyen. Chartres, *Deshayes*; et Paris, *Regnault*, 1786, 2 vol. in-8.º, tome II, pag. 415 et 416.

quelle cette ville est bâtie) ayant appris, par une révélation particulière, qu'une Vierge enfanteroit pour le salut de l'univers, y établirent un culte en son honneur, et lui élevèrent un autel au dessus duquel fut placée l'image de la mère du Sauveur, tenant son fils sur ses genoux, avec cette inscription : VIRGINI PARITURÆ. Sans entrer dans plus de détails sur ce fait apocryphe qui a donné lieu à de longues et fastidieuses dissertations (1), il suffit de dire qu'on peut considérer comme une chose certaine que S. Savinien et S. Potentien, fondateurs de l'Eglise métropolitaine de Sens, vinrent à Chartres, et que S. Aventin leur disciple, qu'on reconnoît pour le premier évêque de cette ville, y a jeté les fondemens de la première Eglise, vers la fin du troisième siècle.

L'exercice de la religion chrétienne ayant été autorisé par Constantin en 313, les Chartrains, nouvellement convertis à la foi (et qui, pour se soustraire aux persécutions des Empereurs, s'étoient rassemblés jusqu'alors dans des lieux souterrains), s'empressèrent conjointement avec leur évêque, d'élever un

(1) Voy. l'*Histoire de l'Eglise de Chartres*, par ROULLIARD, première partie, pag. 11 et suiv.; et l'*Histoire chronologique de cette ville*, par PINTARD. Cet ouvrage, qui est encore manuscrit, est conservé dans la Bibliothèque publique de Chartres.

temple à la Divinité sur l'emplacement de celui que nous voyons actuellement.

Cette première Basilique de Chartres, dont on ignore la forme et l'étendue, fut incendiée vers l'an 858, par les Normands qui entrèrent dans cette ville sous le prétexte d'y recevoir le baptême, et de rendre les honneurs de la sépulture à Hastings leur chef, qu'ils supposèrent mort. Ayant été réparée par l'évêque Gillebert, cette Eglise fut encore incendiée en 962 ou 973, pendant la guerre entre Thibaud le Tricheur, comte de Chartres, et Richard, duc de Normandie. Enfin, en l'année 1020, le 7 septembre, veille de la Nativité de la Vierge, un incendie dont on ignore la cause, et qu'on présume avoir été occasionné par le feu du ciel, embrasa en très-peu de temps presque toute la ville, sans épargner la Cathédrale. Il y a apparence qu'alors elle n'étoit construite qu'en bois (1).

(1) La plupart des Eglises construites dans les six, sept et huitième siécles, étoient en bois, suivant la manière ordinaire de bâtir. On enfonçoit en terre de très-grands troncs d'arbres sciés par le milieu, ensorte que le côté brut étoit en dehors. Ces troncs, d'une égale hauteur, se plaçoient à peu de distance les uns des autres ; on en formoit un tout en remplissant les intervalles de terre ou de mortier. Au dessus étoit un toit couvert de chaume. Ce fut de cette manière que Clovis I fit bâtir l'Eglise Cathédrale de Stras-

Ce troisième incendie arriva sous l'épiscopat de Fulbert. Le premier soin de ce prélat fut d'écrire au roi de France, aux autres souverains de l'Europe, aux princes et seigneurs du royaume, pour les engager à coopérer, par leurs bienfaits, à la reconstruction de la ville et de son Eglise. Il commença par donner lui-même l'exemple, en employant trois années de ses revenus et de ceux de la manse capitulaire (1). La grande réputation dont il jouissoit à la Cour de France, et même dans l'Europe chrétienne, ainsi que la singulière dévotion que tous les peuples avoient pour l'Eglise de Chartres, permirent à l'évêque Fulbert et à ses successeurs, d'exécuter, sur un plan aussi vaste, un édifice qui, par la dureté des pierres qui y ont été employées, a dû coûter des sommes immenses.

Un grand nombre de personnages de la plus haute distinction, tant de la France que des pays étrangers, contribuèrent au rétablissement de cette Eglise. Les rois de France,

---

bourg, vers le commencement du sixième siècle. *Essais hist. et topograp. sur la cathédrale de Strasbourg*, par l'abbé GRANDIDIER. Strasbourg, *Levrault*, 1782, in-8.°, Liv. I, pag. 7.

(1) Nous avons puisé la plupart des détails historiques de cette Notice, dans l'excellente *Histoire de Chartres*, par M. CHEVARD. Chartres, *Durand-Letellier*, 1802, 2 vol. in-8.°.

de Danemarck et d'Angleterre; le comte Eudes de Chartres, Richard, duc de Normandie; Guillaume, duc d'Aquitaine, et beaucoup d'autres seigneurs fournirent des sommes considérables.

A leur exemple les bourgeois, les marchands, les artisans de la ville, enfin tous les habitans du pays et des lieux circonvoisins y contribuèrent suivant leurs moyens; ceux-ci avec leur argent; ceux-là par leurs travaux manuels, par des fournitures de matériaux et de vivres pour les ouvriers. Les vitraux de cette Eglise sont remplis des emblèmes et des attributs de ceux qui contribuèrent à son rétablissement. On y remarque une grande quantité d'écussons, de chiffres et autres signes. Chaque communauté d'artisans y a les marques distinctives de sa profession.

Avec de tels secours et un si grand nombre de travailleurs, la plupart guidés par le zèle d'une piété ardente, il étoit probable que ce superbe édifice ne devoit pas tarder à être promptement achevé. Cependant on ne sauroit se dissimuler, malgré ce qu'en disent les Chroniques et plusieurs historiens de la ville et de l'Eglise de Chartres (1), que la

---

(1) *Chroniques* de Chartres MSS. Poème des *Miracles de la Vierge*, écrit vers 1020 ou 1030, et traduit

construction de cette église, telle qu'on la voit maintenant, n'a pu être l'ouvrage de huit années; ce qui paroîtra incroyable, et même impossible, si l'on considère l'immensité du travail et la nature des matériaux, spécialement des pierres qui y ont été employées. Il faut ajouter à cela, qu'indépendamment de l'Eglise, il falloit rebâtir la ville, et que rien n'étoit plus urgent que donner le couvert aux habitans. Aussi, est-il certain qu'elle ne fut point achevée du temps de Fulbert, qui décéda le 10 avril 1028.

Le Nécrologe, à la date des ides d'avril, porte que ce prélat laissa par son testament une forte somme en or et argent pour la reconstruction de son Eglise, *qu'il avoit commencé à réédifier*. Peu de temps avant sa mort, cet évêque marquoit à Guillaume, duc d'Aquitaine, qu'ayant été occupé à la restauration, *tant de la ville que de l'Eglise de Chartres*, il n'avoit pu lui écrire, et il ajoutoit qu'à l'aide de Dieu, *il avoit déja*

en vers français en 1262, par M.⁰ JEAN LE MARCHANT, chanoine de Chartres. *Parthenie de* ROULLIARD, première partie, pag. 129. *Histoire de l'auguste et vénérable Eglise de Chartres*, etc., par VINCENT SABLON, chartrain, troisième édit. Chartres, V.ᵉ *Massot*, 1697. Cet ouvrage n'est autre chose qu'un mauvais abrégé de la Parthenie de Roulliard, rempli de fautes grossières.

fait les grottes de cette Eglise. Son successeur, Thierry ou Théodoric, animé du même zèle, continua les travaux de cet édifice; mais il n'eut pas la gloire de le terminer. (Comme l'a écrit Paul-Moine, historien contemporain, cité par Doyen (1), car il mourut le 16 avril 1048, et fut inhumé à l'abbaye de Saint-Père (2)).

Au nombre des personnes qui contribuèrent à l'achèvement de cette Basilique, se trouve Jean Cormier (qu'on appeloit aussi Jean-le-Sourd), médecin du roi Henri I, qui, voulant signaler sa piété et son amour pour la ville de Chartres, lieu de sa naissance, fit bâtir à ses dépens, vers 1060, le portail méridional; j'en excepte cependant le porche, formant péristyle au devant, dont la construction paroît être du milieu du douzième siècle, comme j'aurai occasion de le dire.

Ce fut la princesse Mahaut, veuve de Guillaume-le-Bâtard, duc de Normandie, qui, vers 1088, fit couvrir en plomb le prin-

(1) *Histoire de la ville de Chartres*, tom. I, pag. 244.

(2) Ce nom de *Pere* est employé pour celui de Pierre. C'est ainsi, à Paris, que la rue Saint-Père, ainsi appelée d'une petite chapelle, sous l'invocation de cet apôtre, a pris le nom de rue des Saints-Pères. Voy. ROQUEFORT, *Gloss. de la Langue romane*, au mot *Pere*.

cipal corps de l'édifice, c'est-à-dire, le chœur, la croisée et une partie de la nef.

Il faut ajouter que l'entrée de la nef, le grand portail et les deux clochers ne furent achevés qu'en 1145. Avant que ces parties ne fussent terminées, on avoit élevé un mur de refend dans toute la largeur et la hauteur de l'Eglise, afin que les travaux pussent se continuer, sans interrompre le service divin (1).

Le projet avoit été de construire les deux clochers sur le même plan; mais soit que les fonds aient manqué, ou qu'il soit survenu quelque autre obstacle, il n'y eut d'achevé que celui qui est à droite, appelé le Vieux-Clocher. En 1395, la pointe de ce clocher, fatiguée par l'injure du temps, et menaçant ruine, fut démolie d'environ 20 pieds au dessous de la pomme, et reconstruite à neuf. En 1396, on y ajouta des cercles de fer, et, depuis cette époque, cette superbe pyramide a constamment résisté aux intem-

(1) C'est ce qui a été pratiqué, et ce qu'on voit actuellement à l'Eglise de Sainte-Croix d'Orléans, qui n'est pas encore entièrement achevée. La première pierre de cet édifice a été posée le 18 avril 1601, par le roi Henri IV. *Descript. de la France*, par Pigagniol de la Force. Paris, *Poirion*, 1754, tom. X, pag. 204.

péries jusqu'en 1754, époque à laquelle on y a fait quelques réparations.

L'autre clocher ne fut construit en pierre, et de même structure, que jusqu'à une certaine hauteur, ce qui lui donna la forme d'une tour carrée ; sur laquelle on éleva une flèche en charpente et couverte en plomb. Mais le 26 juillet 1506, jour de Sainte-Anne, vers les six heures du soir, le tonnerre en tombant embrasa toute la charpente, et fondit avec le plomb les six cloches qui y étoient suspendues. Le feu (qui dura jusqu'au lendemain midi) étoit si violent qu'il consuma et calcina une partie de la tour, ou de la plate-forme, construite en pierre de Berchères (1). Il auroit infailliblement brûlé l'Eglise entière, si l'on n'eût promptement démoli la partie de charpente et de couverture qui avoisinoit le clocher. Cet accident détermina le chapitre de cette Eglise, aidé du secours de plusieurs princes, seigneurs et particuliers, à faire reconstruire en pierre

---

(1) Village sur la route de Chartres à Orléans, qui renferme une carrière de pierres calcaires, d'où l'on a tiré celles qui ont servi à la construction de l'Eglise de Chartres. Cette pierre est très-dure, et reçoit le poli du marbre; mais elle présente des cavités, et le banc n'en n'est pas fort épais. Cette carrière est la seule qui fournit la ville. DOYEN, *Histoire de la ville de Chartres*, tom. I, pag. 326.

cette pyramide. Le roi Louis XII donna 2000 livres pour cette réparation. L'évêque René d'Illiers y employa aussi une somme considérable. Pour exciter davantage la dévotion des fidèles, et pour les engager à contribuer de leurs moyens à ce pieux ouvrage, il institua des confréries de Notre-Dame dans toutes les paroisses du diocèse. Le chapitre en fit autant dans les paroisses de sa dépendance. Enfin le cardinal d'Amboise accorda des indulgences à tous ceux qui voudroient coopérer à cette bonne œuvre.

Jean Texier dit de *Beauce*, habitant de Chartres, est l'architecte qui a dirigé et fait exécuter les travaux de cette belle pyramide, qui fait l'admiration des connoisseurs, tant par son élévation que par la hardiesse et la délicatesse de sa structure; elle fut commencée en 1506 et totalement terminée en 1514. Le maître entrepreneur gagnoit par jour six et sept sols, et ses compagnons cinq sols (1).

Le jeudi 15 novembre 1674, le feu prit à ce clocher par la faute d'un des veilleurs nommé Gendrin. Plusieurs habitans de la ville s'empressèrent d'y porter de prompts secours, et parvinrent à le préserver du fu-

---

(1) *Hist. de l'Eglise de Chartres*, par SABLON; édit. de 1697, pag. 62.

neste incendie dont il sembloit être menacé (1). Le chapitre de cette Eglise, pour conserver la mémoire de cet événement, et afin d'exciter à l'avenir la vigilance des deux hommes chargés de veiller nuit et jour aux incendies, fit placer dans leur chambre (située sur le haut de la tour) une inscription gravée sur une pierre attachée au mur.

Le 12 octobre 1691, il s'éleva un vent impétueux qui ébranla la pointe de ce clocher; elle ne fut pas renversée, parce que les barres de fer, qui lient toutes les pierres entre elles, la soutinrent; mais elle fut courbée dans l'étendue de 12 pieds au dessous de la croix. Une des principales causes de cet événement fut la pesanteur d'un soleil de cuivre doré, qui avoit été placé au dessus de la croix en 1681. La pointe de cette flèche fut rétablie en 1692, en pierre de Vernon, par les soins et sous la conduite de Claude Augé, sculpteur lyonnois qui l'éleva de quelques pieds plus haut qu'elle ne l'étoit aupara-

---

(1) M. Robert, archidiacre de Chartres, publia, à la même époque, le détail de cet événement, sous ce titre : *Relation de l'accident arrivé à Chartres, par le feu qui auroit embrasé toute l'Eglise, sans la protection toute visible de la Sainte-Vierge.* Chartres, 1675, in-8.°. *Biblioth. des auteurs chartrains*, par Dom LIRON. Paris, *Garnier*, 1719, in-4.°, pag. 280.

vant (1). La croix fut refaite à neuf, et l'on remit au dessus le soleil qui fut réduit à 4 pieds de diamètre, afin de lui donner moins de prise au vent. Depuis ce soleil a été supprimé en entier.

Enfin cette Basilique qui a été près de 130 ans à bâtir, fut dédiée à la Vierge le 17 octobre 1260, par Pierre de Mincy, soixante-seizième évêque de Chartres, sur la demande de S. Louis qui obtint, en cette considération, des indulgences du pape Alexandre IV, pour ceux qui visiteroient ce temple, le jour de sa consécra-

---

(1) Lors de la démolition de la partie de ce clocher qui avoit été endommagée, M. Cassegrain, médecin de Chartres, remarqua dans l'intérieur des pierres qui soutenoient la croix, quelques parties de rouille attachées au fer, qui lui parurent avoir la couleur de l'aimant. Il reconnut en effet que cette matière avoit le poids et la qualité de l'aimant minéral. On trouva aussi plusieurs de ces croûtes ferrugineuses autour des différens barreaux de fer enclavés dans la pierre de Saint-Leu, dont la flèche de ce clocher étoit construite; mais il n'y avoit que ce qui étoit exposé au nord qui eût contracté la vertu du meilleur aimant. Il en fut envoyé un grand nombre de morceaux à Paris, qui se trouvent encore dans les cabinets de quelques curieux. Voy. un petit ouvrage intitulé : *Descript. de l'aimant qui s'est formé à la pointe du clocher neuf de Nostre-Dame de Chartres*, etc., par L. L. DE VALLEMONT, docteur en théologie. Paris, *Laurent d'Houry*, 1692, in-12.

tion, et tous les ans à la même époque jusqu'à la fête de Noël (1). L'anniversaire de la dédicace de cette Eglise n'a plus lieu, comme autrefois, le 17 octobre; il a été remis au deuxième dimanche de novembre, jour auquel on célèbre l'anniversaire de la dédicace de toutes les Eglises de France.

Extérieur de l'Eglise.

L'Eglise de Notre-Dame de Chartres, autrefois cathédrale, maintenant simple paroisse, est un des plus grands et des plus beaux monumens dits *gothiques*, que nous ayons en France. Elle est bâtie en pierre dure et bien appareillée, d'une construction solide. La disposition générale du plan est grande et noble, et les proportions en sont heureuses. Ses dehors offrent un aspect imposant; le caractère mâle et sévère de la masse de son architecture (sans y comprendre les constructions postérieures) indique le premier âge du style improprement appelé *gothique* (2).

(1) *Hist. de la ville de Chartres*, par Doyen, tom. I, pag. 313.

(2) L'architecture appelée gothique, dont on ignore encore la véritable origine, présente depuis l'époque de son premier emploi dans la construction de nos

Cet édifice, bâti sur le sommet d'une colline, plane majestueusement sur toute la ville.

temples, différens caractères propres à chacun des siécles qui ont terminé la longue période écoulée depuis la décadence de l'art au quatrième siécle, jusqu'à son renouvellement au seizième, et que l'on désigne ordinairement sous le nom générique de *moyen âge*. L'architecture du commencement du onzième siécle, entée sur le goût Lombard (qu'on peut considérer comme l'état de l'art dégénéré des anciens, et qui fut introduit en France sous Charlemagne), se distingue par une lourdeur excessive, et par des arcs en plein cintre, dont la retombée repose sur des chapiteaux chargés de bas-reliefs, composés de figures bizarres et d'ornemens, dont plusieurs offrent quelques réminiscences de l'art antique. L'architecture de la fin du onzième siécle et celle du douzième, présente plus de délicatesse et de hardiesse que la précédente : à cette époque la sculpture étoit aussi beaucoup mieux soignée. On doit remarquer dans le onzième siécle qu'aux voûtes en plein cintre, succédèrent les voûtes ogives qui, par leur division en angles rentrans et saillans, très-délicatement travaillés, présentent une légèreté et un svelte qu'on ne trouve pas dans les premières. Enfin les treize et quatorzième siécles nous présentent cette architecture portée au plus haut point de sa perfection. Au retour des Croisades, vers la fin du treizième siécle, les arts dépendans du dessin furent très-cultivés, et les artistes qui avoient voyagé en Asie avec Saint-Louis, en apportèrent un nouveau genre de décoration, et introduisirent particulière-

[17]

La façade principale, remarquable par sa proportion colossale et par la simplicité de ses masses, présente deux grosses tours carrées, surmontées de deux hautes pyramides de forme octogone, dont l'une d'un travail extrêmement délicat, produit une heureuse opposition avec les grands corps lisses de cette façade. Leur élévation extraordinaire les fait apercevoir de très-loin. La hauteur du *clocher vieux*, depuis le pavé jusqu'au croissant, est de 342 pieds; celle du *clocher neuf* est de 378 pieds: leur largeur prise dans la base est de 50 pieds. L'intervalle qui les sépare étant égal à leur diamètre, il en résulte que la façade entière a 150 pieds de largeur.

Trois grandes portes, précédées par un perron de cinq marches, et pratiquées sous des

---

ment dans l'architecture le goût *arabesque*; dès-lors les ogives allongées et élégantes prirent la place des voûtes surbaissées, et l'on vit bientôt, à l'imitation des mosquées, nos temples s'élever majestueusement, et leur intérieur chargé de dorures et de couleurs brillantes, qui, réunies à la richesse des vitraux colorés étalèrent le luxe le plus imposant. Tel a été l'état de l'architecture du moyen âge, appelé improprement *gothique*, depuis le onzième siècle jusques vers la fin du quinzième, sous le règne de Louis XII. Ce fut à cette époque que l'on abandonna ce genre d'architecture, dont nous voyons encore les plus beaux modèles dans les monumens consacrés au culte.

voussures ogives chargées de figures et d'ornemens, divisent également la partie de cette façade qui règne entre les deux clochers. Elles représentent divers sujets tirés de l'Apocalypse.

Sur celle du milieu dite la *Porte Royale*, (ainsi nommée, parce que c'est par cette porte que nos Rois étoient reçus dans cette Eglise) on voit dans la partie supérieure de l'enfoncement, J. C. environné des symboles des quatre Evangélistes, tenant de la main gauche le livre des sept sceaux, puis ayant la droite élevée comme pour donner la bénédiction, suivant la manière de représenter la Divinité, en usage dans les onzième et douzième siécles (1). Au dessous de ce tableau sont placées quatorze petites figures. Dans les arcs ogives qui forment la voussure du portail, se voyent les 24 vieillards de l'Apocalypse, tenant divers instrumens de musique, très-curieux par la richesse et la variété de leur forme, et parmi lesquels on reconnoît le violon à trois et à quatre cordes (2), la

---

(1) Plusieurs Eglises de la Bourgogne (construites dans le onzième siécle) présentent sur leur frontispice la même disposition. Voy. *les Notes et les Dissertations sur l'Histoire de Bourgogne*, par Dom URBAIN PLANCHER et Dom MERLE.

(2) Un de ces violons, et plusieurs des grandes statues qui décorent les trois portails de cette fa-

harpe et le psalterion. Les deux côtés de ce portail sont ornés de grandes statues placées dans l'ordre suivant: sur la gauche en entrant, il y a d'abord deux Reines, ensuite un Roi et un Saint, qui sont les plus près de l'entrée. L'autre, à droite en entrant, commence par un Saint; après viennent un Roi et une Reine et un autre Roi. Tous portent le nimbe ou cercle lumineux (1). L'un des deux Rois tient un livre, deux Reines en ont aussi chacune un; on doit observer que c'est la marque ordinaire des fondateurs ou des bienfaiteurs, qui étoit alors en usage.

Le deuxième portail à droite représente différens traits de la vie de la Vierge. On voit successivement dans trois divisions distinctes, 1.° un Ange qui annonce aux

çade, ont été gravés, et se trouvent dans les *Monumens français inédits*, etc., publiés par M. WILLEMIN.

(1) Le nimbe dont parle Montfaucon avec mystère, n'est autre chose, selon M. Alexandre Lenoir, que l'image du soleil. Cet emblème, dit-il, se plaçoit communément sur la tête des Saints, et sur celle des Rois de la première, deuxième et troisième race, auxquels il étoit d'usage, à l'instar des Romains, de décerner les honneurs divins, et ce nimbe exprimoit tout simplement l'apothéose du héros auquel on rendoit cet honneur. Ces monumens historiques sont devenus extrêmement rares depuis notre révolution. *Description du Musée des Monumens français*, tom. I, pag. 156.

Bergers la naissance de J. C.; 2.º sa présentation au temple; 3.º dans la partie supérieure de l'enfoncement, la Vierge assise, ayant l'Enfant-Jésus sur ses genoux; à ses côtés sont deux Anges tenant chacun un encensoir. Sur les côtés de ce portail sont placées six grandes statues de Rois et de Reines dont les noms sont inconnus.

Le troisième portail à gauche représente dans la partie supérieure de l'enfoncement, J. C. environné de deux Anges, et au dessous les quatre Anges désignés dans le septième chapitre de l'Apocalypse; plus bas se voyent dix petites figures. Dans les arcs ogives de la voussure de ce portail, on remarque plusieurs figures grotesques, des quadrupèdes et autres animaux, et quelques-uns des signes du Zodiaque, le tout grossièrement sculpté. Les grandes statues qu'on voit des deux côtés de ce portail, représentent plusieurs personnages inconnus.

Toutes les statues qui ornent ces trois portiques, sont aussi intéressantes pour l'histoire de l'art, que pour celle du costume français dans les onzième et douzième siècles; elles sont vêtues de longues tuniques, recouvertes par un manteau, qui, quelquefois ouvert sur le devant, laisse apercevoir de riches ceintures et de très-belles étoffes gauffrées. On doit surtout remarquer la forme variée des couronnes, ainsi que les longues tresses de cheveux que portent la plupart des Reines ou des Princesses, suivant l'usage observé dans la première, deuxième et le commencement de la troisième race de nos Rois (1). Les colonnes qui servent de trumeaux aux statues de ces trois portails, sont décorées d'entrelas et de rinceaux d'ornemens d'un très-bon goût.

Au dessus de ces portiques sont trois grandes fenêtres vitrées en verre peint. Immédiatement au dessus de ces fenêtres, se voit une grande rose remarquable par la délicatesse de sa structure. Cette rose est surmontée d'une galerie qui sert à communiquer d'un clocher à l'autre; un peu plus haut que cette galerie sont placées dans des niches, quinze grandes statues de Rois et de Reines, qu'on présume avoir été les bienfaiteurs de cette église. Ces statues ne sont pas d'un aussi bon style que celles des trois portiques. Dans le grand pignon qui surmonte la façade de l'Eglise se voit une représentation du triomphe de la Vierge; deux Anges, l'un à droite, l'autre à gauche, portent des encensoirs. Ce pignon est surmonté d'une statue, que l'on

---

(1) La plupart des Allemandes portent encore de pareilles tresses de cheveux, qui font une partie essentielle de la parure de leur tête.

croit être celle de S. Aventin, premier évêque de Chartres. Ensuite s'élèvent sur deux lignes parallèles, les deux clochers; l'un, dit le *clocher-vieux*, étonne par sa masse énorme, sa forme pyramidale et bien filée. Vers le haut de cette pyramide et près d'une ouverture, il existe une échelle en fer par laquelle on monte à la croix, qui est entée dans un globe de cuivre doré, et surmonté d'un croissant de même matière, qui y fut posé en 1681. Ce clocher, dont la structure mâle forme unité avec celle de l'Eglise, est percé sur chaque face par plusieurs fenêtres ogives, dont les plus élevées sont surmontées de pointes, et accompagnées d'obélisques placés dans les angles. Il contenoit autrefois trois grosses cloches, appelées *Bourdons*, qui ont été cassées pendant la révolution. La charpente qui les supportoit, est remarquable par sa construction solide. On y voit deux poinçons dont les culs-de-lampes sont ornés de bas-reliefs; sur l'un est un écusson aux armes de France, qui par sa forme indique le règne de Charles VI (1); sur l'autre, sont les armes de l'ancien chapitre de Chartres.

Le second clocher, dit le *clocher-neuf*, commande l'admiration, tant par la hardiesse de son travail que par la richesse et la délica-

(1) C'est-à-dire depuis 1380 jusqu'en 1422.

[23]

tesse de ses ornemens. Il est divisé en plusieurs étages voûtés en pierre; le premier, situé à la hauteur du comble de l'Eglise, est appelé *la chambre de la sonnerie*. Sur le mur de cette chambre, du côté du midi, se voit une grande pierre blanche, sur laquelle est gravée une inscription dont les caractères sont gothiques. Cette inscription a été placée dans cet endroit, pour conserver à la postérité la mémoire du funeste incendie arrivé l'an 1506, et qui réduisit en cendres une partie de ce clocher. C'est le clocher qui est censé parler (1).

Ie fu iadis de plomb et de bois construict,
Grand, hault et beau, et de somptueux ouurage,
Iusques à ce que tonnerre et orage
M'ha consommé, dégasté et détruict.

Le iour de Saincte ANNE, vers six heures de nuict.
En l'an compté mille cinq cens et six:
Ie fu bruslé, démoli et recuit,
Et auec moi de grosses cloches six.

Après Messieurs en plein chapitre assis,
Ont ordonné de pierre me refaire;
A grande voulte, et pilliers bien massifs,
Par Jehan de Beaulse, ouurier qui le sceut faire

(1) *Parthenie*, ou *Histoire de l'Eglise de Chartres*, par ROULLIARD, première part., pag. 150 et suivantes.

L'an dessus dict, après pour me refaire,
Firent asseoir le vingt quatriesme iour,
Du mois de Mars, pour le premier affaire,
Première pierre et autres sans seiour.

Et en Apuril huictiesme iour exprès,
RENÉ D'ILLIERS, euesque de renom,
Perdit la vie, au lieu du quel après,
Fust ERARD mis par postulation.

En ce temps-là qu'auois nécessité,
Auoit des gens qui pour moi lors veilloient :
De bon cœur, fust hyuer ou esté,
Dieu leur pardoint (1), car pour lui trauailloient.
1508.

Dans l'étage au dessus de la chambre de la sonnerie, se voit la charpente dans laquelle étoient suspendues cinq cloches d'accord avec les trois bourdons de l'autre tour; elles ont été cassées de même que ces dernières en 1793, à l'exception de la plus petite des cinq, qui a été conservée, et dont on se sert pour annoncer les offices.

On peut circuler autour de ce clocher par une galerie, dont la balustrade à jour forme une riche ceinture horizontale qui surmonte quatre grandes fenêtres percées sur chaque face de la tour. Sur les piliers angulaires de

(1) Pardonne.

ce clocher, s'élèvent quatre obélisques d'une structure élégante et hardie qui se rattachent au corps de la tour par de petits arcs en pierre d'un travail extraordinairement délicat. Sur chacun de ces obélisques, et à une certaine hauteur, sont groupées trois statues qui représentent les Apôtres avec leurs attributs. Cette partie du clocher fait voir sur chaque face une grande fenêtre surmontée d'un pignon de style arabesque. Sur le pignon qui est du côté de la place du Parvis, se voit une grande statue du Père Eternel, qui tient un livre et un globe sur lequel est une croix en fer. Autour du socle sur lequel est posée cette figure, on lit l'inscription suivante en caractères gothiques : JEHAN DE BEAUCE *qui a faict ce clocher, m'a faict faire*, 1513. C'est dans cette partie du clocher que l'architecte, Jean de Beauce, a cru devoir étaler toute la richesse des ornemens; ce sont des ceps de vigne découpés à jour, qui filent dans les contours des arcades, des entrelas et des rinceaux du meilleur goût. Toutes les sculptures qui décorent ce clocher ont été exécutées par les mêmes ouvriers qui ont travaillé à celles de la clôture du chœur de cette Eglise (1).

(2) *Hist. de l'Eglise de Chartres*, par SABLON; édit. de 1697, pag. 62.

De la galerie dont nous venons de parler, on monte un escalier pratiqué dans une tourelle à jour, hors d'œuvre, et l'on arrive dans une chambre de forme octogone et voûtée en pierre, dans laquelle sont deux lits et une cheminée. Cette chambre sert à loger les deux hommes qui sont gagés par la ville pour veiller la nuit aux incendies, lorsqu'ils en découvrent ; d'abord ils annoncent par le moyen d'un porte-voix (qui s'entend de toute la ville) le quartier où est le feu; ensuite ils sonnent le tocsin sur une cloche placée au dessus de leur chambre (1).

(1) Voici ce qui donna lieu à cet usage. Les fréquens incendies qui arrivoient dans cette ville (dont presque toutes les maisons sont construites en pans de bois), particulièrement celui de 1262, et la nécessité d'y établir une horloge publique, excitèrent singulièrement l'attention des Chartrains, qui, sur la demande qu'ils adressèrent en 1269 à Philippe-le-Hardi, fils de Saint-Louis, obtinrent que le chapitre de la Cathédrale seroit obligé de faire monter et entretenir une horloge (pour toute la ville), dont le timbre placé dans l'un des clochers ou autre lieu éminent, serviroit en même temps de tocsin ; qu'à cet effet le chapitre entretiendroit deux hommes pour coucher au clocher, pour veiller nuit et jour et pour sonner l'allarme en cas d'incendie ou d'autre accident. On construisit cette horloge, et le timbre fut placé dans le petit clocher, qu'on voyoit, avant la révolution, sur le centre de la croisée. Au mois de septembre 1520, on descendit de ce clocher le timbre

Près de la porte qui conduit sur la galerie, on lit l'inscription suivante gravée sur une pierre (1) :

Ob vindicatam, singulari DEI *munere*
Et à flammis illæsam hanc pyramidem,
Anno 1674, 15 decembris per incuriam vigilum,
Hic excitato ac statim extincto incendio,
Tanti beneficii memores solemni pompâ,
Gratiis Deo priùs persolutis, Decanus
Et capitulum Carnotense hoc posteritati
 Monumentum posuere.

De cette chambre on monte au dernier étage du clocher. C'est une lanterne de forme octogone, percée de deux fenêtres sur chaque pan, dans laquelle est suspendue la cloche de l'horloge, appelée vulgairement la cloche du guet, parce qu'elle sert de tocsin pour

de l'horloge, et l'on en fit refondre un beaucoup plus fort, qu'on plaça au dernier étage du clocher neuf. Le mouvement de l'horloge fut mis au pied de ce clocher (dans un petit bâtiment fait exprès) pour agir plus librement sur le timbre. Le beau cadran qu'on y voit, et qui suivant l'ancien usage est divisé en vingt-quatre heures, ne fut posé que en 1526. Ce petit édifice est remarquable par le bon goût de sa construction. Derrière et entre les contreforts de ce clocher, il existe un réservoir toujours plein d'eau, pour servir en cas d'incendie.

(1) Voy. ci-dessus, pag. 13.

les incendies. Cette cloche, qui pèse 10,540, a 6 pieds 4 pouces de diamètre, et 5 pouces d'épaisseur. On y voit la salamandre, devise de François I, sous le règne duquel elle a été fondue.

Au dessus de cette lanterne s'élève une haute pyramide en pierre, enrichie d'ornemens en saillie, et surmontée d'une croix en fer de 8 pieds de hauteur, sur 5 pieds de largeur, entée dans un vase en bronze de 5 pieds 6 pouces de hauteur, sur 2 pieds 6 pouces de diamètre. Ce vase, y compris l'armature en fer qui est dans l'intérieur, pèse 976 livres. On monte à la croix par le moyen d'une échelle en fer fixée à la pyramide.

Le style de la reconstruction de cette partie du clocher-neuf offre un exemple de l'architecture dite *gothique*, portée à un période voisin de sa décadence, et dans laquelle on distingue plusieurs formes qu'elle a empruntées du style arabe. L'architecte, Jean de Beauce, en homme expérimenté, a su allier l'extrême délicatesse à une solidité éprouvée par plusieurs siécles.

En se dirigeant du côté du midi, on voit, sur l'angle d'un des contreforts au bas du clocher-vieux, un cadran solaire en pierre, daté de l'an 1578, et soutenu par un Ange qui est inhérent au corps de la tour. Outre que la sculpture de cet Ange est parfaitement semblable à celle des trois portails de la façade, c'est qu'il est encore appuyé sur une base qui paroît avoir été faite en même temps que le clocher; ce qui porteroit à croire que le cadran solaire dont il a été parlé ci-dessus est le renouvellement d'un autre beaucoup plus ancien qui sera sans doute tombé de vétusté (1).

Sur l'autre contrefort du *clocher-vieux* (toujours du côté du midi), on voit une figure assez renommée, que l'on appelle *l'Ane qui vielle*. Cet âne paroît jouer d'un

---

(1) L'art de mesurer le temps a dû faire l'objet des recherches des hommes dans les siècles les plus reculés, puisque cette connoissance est nécessaire pour disposer des momens de la vie. Nous ne trouvons rien d'antérieur au cadran d'Achaz, sur lequel Isaïe (vers l'an 730, avant l'ère chrétienne), opéra le miracle que demandoit le roi Ezéchias. Les Juifs en avoient apparemment reçu l'invention des Phéniciens ou des Chaldéens. Anaximandre qui vivoit vers 547, avant J. C., fit dresser dans la place publique de Lacédémone le premier cadran qui parut dans la Grèce. Athènes et Rome en eurent successivement, et l'usage s'en est ainsi répandu dans toutes les contrées de l'Europe. Voy. la savante *Dissertation sur les anciennes horloges, publiée par M.* FALCONET, *dans les Mémoires de l'Acad. des Inscript. et Belles-Lettres*, tom. XX, pag. 440.

instrument à cordes, qu'on reconnoît pour être une harpe, mais que l'on a confondu avec la vielle. Cette idée bizarre de placer un âne sur le mur d'un temple doit être, je crois, considérée comme un monument des superstitions et des extravagances de la fête de l'*âne*, en usage dans plusieurs Eglises de France dès le onzième siècle (1), et dont quelque sculpteur ignorant aura voulu conserver la mémoire, en plaçant ici la figure de cet animal.

Toute la partie latérale de l'Eglise du côté du midi, présente un aspect imposant. Les piliers butans de la nef sont ornés de statues placées dans des niches. Chaque pilier butant se compose de trois arcs-boutants qui servent à maintenir les murs contre la poussée des voûtes. Celui du milieu est remarquable par les colonnes qui le soutiennent, et qui forment des rayons disposés comme ceux d'une roue. Ces colonnes sont liées entre elles par

---

(1) L'objet de cette fête étoit d'honorer l'humble et utile animal qui avoit assisté à la naissance de J. C., et qui l'avoit porté sur son dos, lors de son entrée dans Jérusalem. L'Eglise de Sens étoit une de celles où cette solennité se faisoit avec le plus d'appareil. Voyez la *Description d'un Dyptique, qui renferme un Missel de la Fête des Fous*, etc., par M. A. L. MILLIN. Paris, 1806, in-4.º.

de petits cintres qui supportent et donnent une grande solidité à cet arc-boutant.

Le portail de ce côté est précédé par un vaste porche à trois portiques, formant péristyle, d'une structure admirable, et auquel on monte par un perron de dix-sept marches. Des massifs ou pieds-droits sur lesquels sont sculptées une infinité de petites figures, et une grande quantité de colonnes, dont presque tous les fûts sont d'une seule pierre, soutiennent ce magnifique péristyle. Les trois portiques sont surmontés de pignons et d'une suite de dix-huit statues de Rois et de Reines, placées dans des niches, surmontées par des pyramides. On aura une idée de la beauté et de la richesse de ce morceau d'architecture, unique dans son genre, lorsqu'on saura que toutes les statues et bas-reliefs qui le décorent ont été jadis dorés avec le plus grand soin; ce qui est prouvé par les manuscrits, et ce qui se reconnoît d'ailleurs par des fragmens de dorure qui ont échappé à l'injure de l'air et du temps.

Sur le trumeau de la porte du milieu est J. C. tenant le livre des Evangiles. De chaque côté sont placées sur deux lignes parallèles les statues des douze Apôtres avec leurs attributs. Dans la partie supérieure au dessus de la statue du Christ, est représenté le sujet du Jugement dernier. Le Père Eternel est assis sur son trône, ayant la Vierge à sa droite; on voit à gauche un personnage à genoux sans nimbe, ayant les cheveux courts, et vêtu d'une longue tunique (1). Ces figures sont environnées de plusieurs Anges, tenant les divers instrumens de la Passion. Au dessous du Père Eternel s'effectue la séparation des élus et des réprouvés. Les contours de la voûte de ce porche sont remplis de figures. Sur la droite sont les justes qui jouissent de la béatitude éternelle, et sur la gauche les réprouvés condamnés aux peines éternelles.

Le portail, à droite du porche, présente deux divisions; dans la plus haute, on aperçoit J. C. accompagné de deux Anges à genoux. Dans la partie inférieure est représenté le martyre de S. Etienne. Sur les deux parties latérales sont les statues de plusieurs

(1) Ce personnage ne peut être qu'un Jean Cormier, médecin de Henri I, qui fit élever à ses dépens la façade de ce portail, vers l'an 1060, et dont on aura voulu conserver la mémoire, en plaçant ici sa représentation comme un témoignage de reconnoissance pour ses libéralités envers cette Eglise. Il faut ajouter aussi que ce porche en saillie paroît avoir été bâti longtemps après la façade (contre laquelle il est appuyé), dont la structure, beaucoup plus lourde, indique le premier âge de l'architecture, dite *gothique;* tandis que le porche est du style le plus élégant du milieu du douzième siécle.

Evêques de cette Eglise, ayant à leurs côtés des Clercs tenant des livres dont les couvertures sont remarquables par la richesse des ornemens. Deux autres figures de chaque côté du portail paroissent être des bienfaiteurs de cette Eglise; les personnages qu'elles représentent sont revêtus d'une cotte de mailles avec un surtout par dessus, et tiennent d'une main un bouclier, et de l'autre une enseigne militaire.

Le portail, à gauche du porche, représente quelques traits de la vie de S. Martin, évêque de Tours. Dans la première partie, le Saint partage son manteau en deux pour en donner la moitié à un pauvre qui lui demande l'aumône. La seconde partie présente deux divisions; dans la première, on voit S. Martin, alors évêque, au lit de la mort; dans la seconde, son tombeau. Dans la troisième et dernière partie, le saint évêque s'élance dans les airs pour jouir de la vie éternelle; sur les deux côtés sont placées huit grandes figures, dont cinq représentent (sans doute) des Evêques de cette Eglise, et les trois autres des Clercs tenant des livres dont les couvertures sont d'un riche dessin.

Au dessus du porche et sur une même ligne sont cinq fenêtres au dessus desquelles est placée la grande rose. Dans le grand pignon qui surmonte cette façade se voit le triomphe de la Vierge, ayant à ses côtés deux Anges tenant chacun un encensoir. Les angles de ce pignon sont flanqués de deux tourelles octogones terminées pyramidalement. On va d'une tourelle à l'autre par une galerie bordée d'une balustrade en pierre. Indépendamment de ces tourelles, il existe de ce côté trois tours, dont deux sont appuyées sur les flancs de la croisée de l'Eglise, et accompagnent le portail auquel elles servent de contreforts. La troisième est élevée sur le bas-côté du chœur. Ces trois tours, qui ne sont point achevées, n'excèdent pas la hauteur de la galerie du grand comble.

Toute la partie latérale de l'Eglise, du côté du septentrion, offre un aspect aussi imposant que celui du midi. Les piliers butans présentent la même disposition. Ils sont aussi décorés de statues (1).

Le portail de ce côté est précédé par un vaste porche à trois portiques, formant pé-

(1) Au bas de ces piliers butans, sur les deux parties latérales de la nef, il existe plusieurs bicoques dont l'aspect présente une disparate des plus désagréables. Il seroit à désirer, pour les embellissemens de l'extérieur de cet édifice, qu'on sollicitât leur démolition auprès du Magistrat éclairé, auquel l'administration de ce département est confiée.

ristyle, et auquel on monte par un perron de sept marches.

Sur le trumeau du portail du milieu est placée la figure de la Vierge tenant l'Enfant-Jésus; sur les deux parties latérales sont également placées de grandes statues de Rois, de Reines et de Seigneurs dont les noms sont inconnus. Dans le tympan au dessus de la porte, on voit successivement 1.º la Vierge au lit de la mort; 2.º la mort de S. Joseph, et, dans la partie la plus haute du tympan, la mère du Sauveur près de son fils bienaimé. Les Anges, les Archanges et les Bienheureux s'empressent de célébrer son arrivée dans le ciel : tout l'intérieur de la voûte de ce porche est rempli de figures qui représentent les trônes et les dominations du ciel.

Le portail à droite du porche représente, dans l'enfoncement au dessus de la porte, d'abord la Naissance de Jésus-Christ, puis un Ange qui annonce cette nouvelle aux bergers; dans la partie supérieure se voit l'Adoration des Mages; dans les contours des arceaux de la voussure du portail sont figurées, du côté droit, les sept Vierges sages, tenant leurs lampes allumées, et du côté gauche les sept Vierges folles qui les tiennent renversées. Tout le reste de la voûte de ce portail est rempli de figures représentant les Anges, les Archanges et les Bienheureux qui paroissent célébrer tous ensemble la naissance de J. C. On y voit aussi les douze signes du Zodiaque assez bien sculptés et parfaitement conservés. Plusieurs Eglises gothiques, et surtout les Temples indiens, offrent de pareils Zodiaques. L'intention des architectes étoit d'y représenter les divers travaux de la campagne dans les douze mois de l'année. Les grandes statues qui décorent les deux côtés de ce portail sont absolument inconnues.

Le portail, qui est à la gauche du porche, représente, dans le cintre au dessus de la porte d'entrée, le bonhomme Job couvert d'ulcères, couché sur le fumier, et plongé dans la plus profonde misère; plus loin se trouve le Démon qui cherche à le tenter en lui promettant beaucoup de richesses; mais d'un autre côté le Seigneur apparoît à Job pour l'affermir dans sa croyance et l'empêcher de succomber à la tentation. Les deux côtés de ce portail sont ornés de grandes statues. Celles qui décorent le pourtour des piliers du porche (parmi lesquelles il s'en trouve d'un assez bon style), représentent des Rois, des Reines et des Prophètes de l'Ancien Testament, avec leurs noms gravés au dessous en caractères gothiques (1), tels que David, Salomon, etc., etc.

Ce porche paroît avoir été bâti à la même époque que celui du midi, c'est-à-dire, vers le milieu du douzième siècle, comme l'indiquent le caractère de son architecture, ainsi que le travail des statues et des ornemens.

Au dessus de ce porche sont cinq fenêtres surmontées par la grande rose; dans le pignon qui termine cette façade est encore sculpté le triomphe de la Vierge. Les angles de ce pignon sont flanqués de deux tourelles octogones surmontées de pyramides.

Les murs de la croisée de l'Eglise sont appuyés de droite et de gauche par deux tours carrées, dont la sommité est de niveau avec la galerie qui règne autour du grand comble. Une autre tour, de la même forme que ces deux dernières, s'élève sur la troisième travée au dessus des bas-côtés du chœur. Ces trois tours, ainsi que celles du côté du midi,

---

(1) On doit regretter que les sculpteurs qui ont exécuté toutes les statues qui décorent l'extérieur de cet édifice, n'ayent pas pris la sage précaution de nous transmettre les noms des personnages qu'elles représentent, comme on a fait à celles citées ci-dessus; nous aurions été à même d'expliquer avec certitude quels sont ceux d'entre ces personnages, qui ont contribué par leurs libéralités à la construction de cette église.

devoient être, comme on peut le croire, élevées encore d'un étage, et surmontées par des couronnemens pyramidaux. La même cause qui, dans beaucoup d'autres Eglises, a empêché d'achever la seconde tour, se sera opposée à ce que celles-ci reçussent leur sommité; ainsi elles sont restées tronquées (1).

La couverture du grand comble est en plomb. Cet édifice, découvert en grande partie en l'an II (1794) pendant les orages révolutionnaires, est resté exposé aux injures de l'air, aux intempéries des saisons, jusqu'en l'an V (1797), époque où plusieurs citoyens de Chartres entreprirent de le faire recouvrir à leurs frais, et depuis ce temps la couverture a été parfaitement entretenue par les soins des administrateurs de la fabrique de l'Eglise.

La charpente du grand comble est appelée vulgairement *la forêt*, à cause de la grande quantité de bois de châtaignier qu'elle renferme, et dont on faisoit autrefois beaucoup d'usage dans ces sortes de monumens (2). Elle a de hauteur, depuis l'ex-

___

(1) C'est presque toujours le manque de fonds, occasionné par la mort de l'ordonnateur des travaux d'une grande importance, et qui exigent pour leur confection des sommes et un temps considérables.

(2) Une ordonnance de François I, du 22 mai 1539, pourvoit à la conservation du châtaignier,

trados de la voûte jusqu'au faitage, 44 pieds. Ce comble, qui est d'une très-belle construction, mérite l'attention des curieux.

On voyoit avant la révolution, au dessus du comble, deux petits clochers, dont l'un, situé sur le centre de la croisée, contenoit un instrument en bois appelé *Grue*, qui servoit pour assembler les fidèles à l'Eglise, pendant les jours de la Semaine Sainte où l'on ne sonne point les cloches : c'étoit dans ce clocher du centre qu'étoit jadis l'ancien timbre de l'horloge. L'autre clocher, placé vers le milieu du toit du chœur, renfermoit six petites cloches appelées *Commandes*, parce qu'elles servoient, durant la célébration du service divin, pour avertir les sonneurs de mettre en volée les grosses cloches des grands clochers.

Au dessus du rond-point de l'Eglise est placé un Ange en plomb doré, plus grand que nature, et tournant sur un pivot pour servir de girouette.

On peut circuler facilement autour du grand comble, par le moyen d'une galerie bordée d'une balustrade en pierre, formant

comme *franc-bois à réserver pour bastir*. D'après l'expérience, FONTANON observe qu'il surpasse même le chêne, en ce que pour la charpenterie il est de plus longue durée. Voy. *les Edicts et Ordonnances des Roys de France*, tom. I, pag. 979.

une large frise en ceinture horizontale qui surmonte cet édifice. Une autre galerie, avec balustrade en pierre, donne également la facilité de circuler autour des bas-côtés.

Il y a huit escaliers qui servent pour monter dans toutes les parties de ce monument, savoir : un dans chaque clocher, et les six autres pratiqués dans les tours élevées sur les parties latérales de l'Eglise.

Après avoir décrit tout ce que l'architecture et les décorations extérieures de ce temple offre de curieux et d'intéressant, nous allons pénétrer dans son intérieur, où de nouveaux objets appellent l'attention et fixent les regards.

Intérieur de l'Eglise.

En entrant dans ce temple, on se livre nécessairement aux sensations que son aspect fait naître. L'admiration y devient, pour ainsi dire, contemplative, et nous porte à la piété. Sa vaste étendue, la hauteur de ces voûtes, le jour mystérieux qui pénètre à travers de magnifiques vitraux, élèvent l'ame et l'appellent à la Divinité.

Aux sentimens de respect et d'admiration qu'inspire l'aspect de ce temple, vient se mêler le souvenir des faits mémorables qui s'y sont passés par suite d'une dévotion particulière envers la Vierge. On a vu y accourir pendant plusieurs siécles une foule de personnages de tout âge et de toute condition, attirés dans ce lieu par la singulière vénération qu'ils avoient pour l'Eglise de Chartres. Plusieurs de nos Rois y sont venus. Je citerai entre autres Philippe IV, dit le Bel, qui, après avoir gagné la bataille de Mons-en-Puelle sur les Flamands, le 17 août 1304, vint à Chartres pour rendre grâces à la Vierge de la victoire éclatante qu'il venoit de remporter (1).

(1) Après avoir fait ses dévotions dans l'Eglise cathédrale, il y fonda un service sous le nom de *Notre-Dame de la Victoire*, et donna pour l'acquit de cette fondation la terre des Barres dans la commune de Béville-le-Comte.

Et pour laisser, dit le chanoine PINTARD (*Histoire manuscrite de Chartres*), des marques de son trophée, « il offrit les habillemens de guerre dont « il étoit armé pendant le combat, et les laissa ou « d'autres pareils, pour être tous les ans exposés « dans l'Eglise, au devant du pupitre, du côté de « la nef, pendant la solennité du service de la « *victoire*, qui se fait les 16 et 17 du mois d'août. » Ce qui s'est observé jusqu'à la révolution.

Ces armes et vêtemens, qu'on voit encore à la bibliothéque publique de la ville de Chartres, consistent en un casque couronné, une cotte de mailles, des brassards, des gantelets, des cuissards et une

Enfin, je rappellerai que ce fut dans cette Eglise que le vainqueur de la Ligue courba son front victorieux pour y recevoir l'onction des mains de Nicolas de Thou (1), et que ce Prince, le meilleur des rois, jura

camisolle d'une étoffe rouge piquée et cotonnée. Indépendamment des objets que je viens de désigner, on voyoit autrefois dans la cathédrale de Chartres, une cotte d'armes de velours violet, semée de fleurs-de-lys brodées en or, ainsi qu'une épée et une ceinture de velours noir garnie de perles, dépendantes de la même armure. Il faut que quelques curieux s'en soient emparés, lors du dépouillement de cette Eglise en 1793, car elles ne se trouvent pas à la bibliothéque de Chartres. J'observerai que ces armes ne sont pas celles que Philippe-le-Bel portoit à la bataille de Mons-en-Puelle, car elles ne peuvent avoir appartenu qu'à un enfant de douze à quatorze ans, et cet enfant, suivant toute apparence, paroît être Charles-de-Valois, fils de Philippe-le-Bel.

Souchet dit avoir vu contre le pilier, proche de la chapelle Sainte-Anne, un grand cheval bardé, sur lequel étoit la représentation d'un Roi armé de toutes pièces. Ce monument, érigé en mémoire de la victoire de Philippe-le-Bel, est tombé de vétusté, comme le dit cet auteur, dans son *Histoire manuscrite de Chartres*, dont il existe une copie à la Bibliothéque impériale, sous le n.° 665. M. Souchet, qui étoit chanoine de la Cathédrale de Chartres, est mort en 1654. Voy. sa Notice à la fin de l'*Histoire de cette ville*, par DOYEN.

(1) Cent troisième évêque de Chartres.

dans son cœur le bonheur des Français qui chériront toujours sa mémoire, comme ils conserveront éternellement le souvenir de ses vertus (1).

Cet édifice a de longueur dans œuvre 396 pieds sur 101 pieds de largeur du nu d'un mur à l'autre, et 106 pieds de hauteur sous clef de voûte.

La longueur de la nef, depuis la porte-royale jusqu'au milieu du premier pilier du chœur, est de 224 pieds sur 43 pieds de largeur du nu d'un pilier à l'autre. Elle est accompagnée de droite et de gauche par deux bas-côtés qui ont chacun 20 pieds de largeur sur 48 pieds de hauteur sous clef de voûte; on y monte par trois marches. Ces bas-côtés, éclairés à chaque travée par un vitrage en verre peint, sont doubles autour du chœur. La croisée a de longueur, depuis une porte jusqu'à l'autre, 195 pieds sur 36 pieds de largeur; elle est accompagnée de deux bas-côtés.

Les piliers de la nef étoient autrefois dé-

(1) La ville de Rheims étant au pouvoir de la Ligue, Henri IV prit la résolution de se faire sacrer à Chartres. Cette cérémonie eut lieu le 27 février 1594, et comme il étoit impossible de se procurer la Sainte-Ampoule de Rheims, on fit venir celle de Marmoutiers.

corés des statues des douze Apôtres, qui avoient 8 pieds de proportion. Elles ont été détruites pendant la révolution.

Le pavé de la nef et des bas-côtés est composé de grandes dalles en pierres de Berchères. Celui de la nef a une pente assez sensible depuis la croisée jusqu'à la porte-royale (1). On voit au milieu de la nef un labyrinthe exécuté en pierre bleue de Senlis; les Chartrains l'appellent communément *la Lieue;* il a 768 pieds de développement depuis l'entrée jusqu'au centre.

A l'un des piliers de la nef est adossée une chaire en bois dans laquelle on monte par deux escaliers tournans. Elle a été exécutée en 1811, sur les dessins du sieur Guit-

---

(1) Voici ce qui a donné lieu à la pente qui existe dans le pavé de la nef. Pour faciliter le moyen de nettoyer et laver l'Eglise, dans les temps où l'affluence des pèlerins étoit considérable et continuel, on imagina de relever le pavage dans certaines parties, et de le baisser dans d'autres, afin de donner une pente suffisante pour l'écoulement des eaux; voilà pourquoi, dans les parties basses de la nef, on est obligé de monter quelques degrés pour arriver aux bas-côtés. Il est aisé de voir que ce travail a été fait postérieurement à la construction de l'édifice, puisque les bases des piliers qui le soutiennent se trouvent enterrées proportionnellement à l'élévation plus ou moins grande du pavage.

lard, maître menuisier de Chartres, qui l'a lui-même construite.

L'intérieur de cette Basilique est éclairé par une multitude de vitraux peints qui répandent dans son enceinte ce clair-obscur, ce demi-jour qu'on aime à rencontrer dans les édifices consacrés à la Divinité. Le chapitre de cette Eglise, peu sensible à cette impression mélancolique que produit l'obscurité des lieux saints, a fait substituer dans le chœur, à l'époque de ses embellissemens en 1772 et 1773, plusieurs panneaux de vitres blanches à ceux de couleur, ce qui forme un contraste des plus désagréables (1). Les grands vitraux de la nef, de la croisée et du chœur, sont ornés de figures de 15 à 16 pieds de haut, représentant plusieurs saints personnages, des Prophètes de l'Ancien Testament, des Evêques de Chartres, etc. Dans les parties circulaires en forme de rose, qui surmontent ces figures, sont représentés des Rois, des Ducs, des Barons, armés de pied en cap, ayant chacun leur écu chargé d'armoiries, et monté sur des chevaux riche-

(1) A peu près à la même époque, le chapitre fit reblanchir l'intérieur de cette Eglise par le sieur Dominique Baroni, milanais. Ce genre de travail est devenu, pour ainsi dire, héréditaire dans la nation italienne.

ment harnachés; tous ces personnages sont des bienfaiteurs de cette Eglise; en voici la suite :

Explication des Vitraux (1).

1. Pierre Baillart, chanoine de Chartres, revêtu de ses habits canoniaux, mort en 1142.

(1) La description de ces vitraux est extraite des premier et deuxième volumes du portefeuille de Gaignières, Bibliothéque impériale, département des dessins et estampes. Ce Recueil, qui est divisé en dix volumes in-folio, présente une galerie très-intéressante de plus de 1250 portraits des Rois et des Reines de France, des Princes et Princesses, des Seigneurs et Dames, et des personnes de toutes sortes de profession, dans laquelle on voit successivement le costume et la manière de s'habiller en usage dans tous les temps de la monarchie française, depuis Clovis jusques et compris le règne de Louis XIV. Le tout est dessiné à la plume et peint en miniature d'après les monumens et les manuscrits du temps. On doit seulement regretter que M. de Gaignières, dont le but étoit si louable, n'ait pas fait choix de meilleurs dessinateurs pour l'exécution d'une collection aussi curieuse et aussi importante pour l'Histoire de France. Tous les dessins, dont ce Recueil est composé, manquent absolument d'exactitude.

2. Thibaut VI, dit le Jeune, comte de Blois, mort en 1218.

3. Louis, comte de Sancerre, sixième comte de Blois qui, vers 1220, épousa Blanche de Courtenay, fille de Robert de Courtenay, Bouteiller de France, de laquelle il eut plusieurs enfans.

4. Bouchard, seigneur de Marly, cadet de la maison de Montmorency, ainsi que Mathieu de Marly et leurs épouses. Ils s'accordèrent avec le chapitre de l'Eglise cathédrale de Chartres en juillet 1212. Le titre scellé de leurs sceaux, se trouve dans le chartrier de cette Eglise, conservé avec beaucoup d'autres manuscrits, dans la bibliothéque publique de Chartres.

5. Guillaume de la Ferté Hernaud, dans le Perche, qui fit une concession à l'abbaye de Saint-Père de Chartres, étant à la Ferté. Dans un titre du mois de mai 1207, et dans un autre de 1221, il confirma une donation de dîmes faite par les abbés et religieux de cette abbaye à Maître Jean Lambert. Ces titres se trouvent dans le chartrier de Saint-Père. Bibliothéque de Chartres.

6. Le roi Saint-Louis présentant un reliquaire (1270).

7. Le même roi armé (1270).

8. Louis, fils aîné de Saint-Louis. Il naquit le 21 septembre 1243, et mourut à Paris en

1260. Il fut enterré à l'abbaye de Royaumont.

9. Philippe, comte de Clermont (en Beauvaisis) de Mortain, d'Aumale, de Boulogne, et de Dammartin, fils de Philippe-Auguste et d'Agnès de Méranie, sa troisième femme. Il naquit en 1200, assista en 1226 au sacre de Saint-Louis son neveu, à Rheims, où il portoit l'épée royale. Il mourut au tournois qui eut lieu à Corbie en 1233, et fut enterré à Saint-Denis. Il avoit épousé Mahaut, comtesse de Boulogne.

10. Philippe, comte de Boulogne et de Clermont, armé, mort en 1233.

11. Mahaut, comtesse de Boulogne et de Dammartin, fille unique et héritière de Renaut, comte de Dammartin, et de Ide, comtesse de Boulogne. Elle épousa, en 1216, Philippe, comte de Clermont; et en 1233, fit hommage au roi du comté de Boulogne qui lui étoit échu par sa mère; devenue veuve, elle se remaria en 1235 avec Alphonse III, roi de Portugal, qui finit par la répudier. Elle mourut vers l'an 1258.

12. Jeanne de Boulogne, comtesse de Clermont et d'Aumale, fille de Philippe, comte de Clermont et de Mahaut de Boulogne. Elle épousa en 1245 Gaucher de Chastillon, seigneur de Montjay, et mourut sans enfans en 1251.

13. Pierre de Dreux, dit Mauclerc, duc de Bretagne, comte de Richemont, deuxième fils de Robert II du nom, comte de Dreux et d'Yolande de Coucy, sa deuxième femme, se distingua dans plusieurs actions mémorables (1). Il accompagna Thibaut, roi de Navarre, en 1239, dans la guerre qu'il fit contre les Sarrasins. A son retour, il assista à la fameuse assemblée convoquée par Saint Louis, pour résoudre le voyage d'outre-mer; il accompagna ce roi, qu'il servit dignement à la bataille de la Massoure. Enfin, il mourut sur mer, au retour de cette expédition, le 22 juin 1250. Son corps fut porté à Braine-le-Comte, près de Soissons, et inhumé dans l'église de Saint-Yved de cette ville.

14. Pierre de Dreux dit Mauclerc, duc de Bretagne (armé).

15. Alix, comtesse de Bretagne, fille aînée et héritière de Guy de Thouars, comte de Bretagne, à cause de Constance sa femme, fut mariée, en 1213, à Pierre de Dreux, dit Mauclerc, duc de Bretagne. Elle mourut le 11 août 1221, et fut enterrée à l'abbaye

(1) Le duc Pierre, surnommé Mauclerc, passe pour avoir été le premier qui ait fait entrer des hermines dans la composition de ses armoiries. *Traité des marques nationales*, par BENETON DE PEYRINS. Paris, 1739.

de Villeneuve, près de Nantes. Elle laissa trois enfans de son mariage, Jean, Artus et Yolande.

16. Artus de Bretagne, deuxième fils de Mauclerc, né en 1220, fut accordé trois ans après avec Jeanne de Craon, fille unique d'Amaury I, sire Craon, et mourut peu de temps après.

17. Pierre de Courtenay, seigneur de Conches, Mehun, Selles, et Château-Renard, étoit fils de Robert de Courtenay, seigneur de Champignelles, Bouteiller de France, deuxième fils de Pierre de France, seigneur de Courtenay, dernier des enfans de Louis VI dit le Gros. Robert eut pour frère aîné, Pierre, seigneur de Courtenay, Empereur de Constantinople. Pierre de Courtenay fit hommage à S. Louis, dans la ville de Mantes, de la seigneurie de Conches, en juin 1238. Il suivit ce Roi dans le voyage de la Terre Sainte, en 1249, et mourut en Egypte à la suite de la bataille de la Massoure qui eut lieu le 8 février 1250. Il avoit épousé Perrenelle de Joigny, dont il n'eut qu'Amicie de Courtenay, femme de Robert II, comte d'Artois, en 1259.

18. Pierre de Courtenay (armé).

19. Amaury VI, comte de Montfort, connétable de France en 1231, sous le règne de

S. Louis, continua la guerre contre les Albigeois, après la mort de son père, arrivée en 1234, et confirma une donation faite au chapitre de l'Eglise de Chartres. Il mourut en 1241.

20. Simon de Montfort, comte de Lincester, frère du connétable (vers 1250).

21. Ferdinand III, roi de Castille, armé, mort en 1252.

22. Henri, seigneur de Mez, maréchal de France, recevant l'oriflamme des mains de S. Denis. Dans un titre de cette abbaye célèbre, en date du mois de février 1263, il est dit : *Herris, Marichaut de France, sire d'Argenton et de Mez, chevalier.* Il mourut en 1265.

23. Jean, duc de Bretagne, fils de Pierre Mauclerc, né en 1217. S. Louis le fit chevalier à Melun; le Duc lui fit en même temps hommage-lige du duché de Bretagne, au mois de mars 1239; il suivit ce Roi dans son deuxième voyage d'Afrique, et se trouva au siége de Tunis, en 1270. Enfin, il mourut en 1286, laissant plusieurs enfans qui lui succédèrent.

24. Yolande de Bretagne, fille de Pierre Mauclerc, d'abord promise à Richard d'Angleterre, comte de Cornouailles, puis accordée à Jean de France, comte d'Anjou, en 1227, fut mariée en 1238 avec Hugues XI, dit

le Brun, sire de Lusignan, comte de la Marche et d'Angoulême. Elle mourut à Boutteville, le 10 octobre 1272, laissant plusieurs enfans.

25. Raoul de Courtenay, seigneur d'Illiers et de Nervy, frère de Pierre de Courtenay, seigneur de Conches, vendit Illiers à Robert de Courtenay, son frère, doyen de l'Eglise de Chartres, en 1247, et depuis évêque d'Orléans. Raoul de Courtenay accompagna Charles de France, comte d'Anjou, à la conquête du royaume de Naples, qui lui donna le comté de Chieti. Il mourut en 1271, et ne laissa qu'une fille; mais sa postérité fut continuée en la personne de Guillaume de Courtenay, son frère, seigneur de Champignelles, qui accompagna S. Louis en Afrique.

Indépendamment des vitraux que nous venons de faire connoître, il y a trois grandes roses; la première est placée au dessus du grand portail, et les deux autres surmontent les portails du midi et du septentrion; elles sont admirées pour la délicatesse de leur structure, pour la richesse, l'éclat et la variété des verres colorés dont l'ensemble fixe bien autrement l'attention, que les tableaux grossiers qu'elles représentent. Toutes ces peintures sur verre, très-intéressantes pour l'histoire de l'art, de nos modes et de nos usages, se ressentent de la barbarie de dessin qui régnoit dans les douzième et treizième siécles. La plupart des figures sont au simple trait et sans ombre; les bordures sont composées d'entrelas très-riches.

Au dessous des grands vitraux de la nef et du chœur, il existe une galerie pratiquée dans l'épaisseur du mur, et qui sert à faire intérieurement le tour de l'Eglise.

Le buffet d'orgue est placé (contre l'usage ordinaire) au dessus de la sixième arcade de la nef, à la hauteur des galeries. Cet instrument se voyoit autrefois au dessus de la porte principale de l'Eglise où il avoit été érigé en 1513. Il n'offre rien de remarquable que la structure de sa montre qui indique le passage du style gothique à celui de la renaissance des arts. La voûte qui le supporte, étant en porte-à-faux, présente une disparate des plus désagréables.

On compte huit chapelles dans cette Eglise, une dans la nef et sept autour du chœur (1).

Celle de la nef, pratiquée entre les deux

---

(1) Indépendamment de ces chapelles, on trouve, dans *l'Histoire de l'Eglise de Chartres*, par ROULLIARD, première partie, pag. 135, le dénombrement de trente-une chapelles, fondées en différens temps par la piété de plusieurs personnages illustres. Ces chapelles, qui étoient adossées à chaque pilier, furent supprimées, lorsqu'on s'occupa des embellissemens de cette Eglise.

piliers butans de la cinquième travée sous le bas-côté à droite; est connue sous le nom de la *Chapelle de Vendosme*, parce que ce fut Louis Vendosme, seigneur d'Espernon et de Mondoubleau qui la fit construire en 1413, pour accomplir un vœu qu'il avoit fait à la Vierge. Cette chapelle étoit autrefois décorée dans l'intérieur des statues du comte de Vendosme et de Blanche Roussy sa femme, adossées au mur en face de l'autel. On voyoit aussi leurs figures et celles de plusieurs princes de leur maison peintes sur les vitraux. Il ne reste plus que celles de Jacques de Bourbon, comte de la Marche, de Castres, etc., grand-chambellan de France, en habit de Cordelier, et de sa femme Jeanne, reine de Naples, qui sont encore bien conservées. A l'extérieur de cette chapelle se voyent deux statues en pierre, de grandeur naturelle, placées dans des niches de chaque côté du vitrage, et représentant Louis de Bourbon et Blanche de Roussy sa femme, fondateurs de cette chapelle; ils ont l'un et l'autre les mains jointes, et sont vêtus à la mode du temps. Le costume du comte de Vendosme consiste dans une cotte-hardie (1), dont les

(1) La cotte-hardie, sorte d'habillement qui ressembloit beaucoup à une soutane; il étoit commun aux hommes et aux femmes, selon la qualité des

manches étroites sont boutonnées jusqu'au coude; par dessus est une longue robe ou tunique avec le chaperon qui est rabattu (1); ses cheveux sont coupés très-courts. La comtesse de Vendosme, son épouse, est vêtue d'une cotte-hardie retenue par une ceinture, et par dessus un surcot (2), d'où pend un ornement enrichi de pierreries; ses cheveux sont tressés sur les côtés, d'une manière assez singulière, mais qui étoit alors à la mode; car cette tresse se retrouve dans presque tous les personnes; cet habillement étoit de drap et de camelot, nommé alors *camelin*. *Antiquités nationales*, par M. MILLIN. Paris, *Drouhin*, 1790, tom. 1, pag. 32. *Glossaire de la Langue Romane*, par J. B. B. ROQUEFORT, au mot *cotte*.

(1) Le chaperon étoit originairement une sorte de couverture de tête presqu'aussi ancienne que la monarchie, et dont l'usage n'a commencé à s'abolir que sous Charles VI, quand les chapeaux devinrent à la mode. *Fabliaux et Contes*, par LE GRAND D'AUSSY, tom. 2, pag. 364. *Glossaire de la Langue Romane*, par M. ROQUEFORT, au mot *chaperon*.

(2) Le surcot n'étoit ordinairement qu'une espèce de soubreveste qui se mettoit sur la cotte, et ne descendoit que jusqu'à la ceinture; mais les femmes, qui affichoient plus de luxe, avoient des surcots extrêmement longs, qu'on nommoit aussi quelquefois *garnaches*. MILLIN, *Antiquités nationales*, tom. 1, pag. 33. ROQUEFORT, *Gloss.*, aux mots *surcot* et *garnache*.

monumens du temps : elle a sur la tête une couronne enrichie de pierres précieuses. Le P. Montfaucon nous a donné ces deux figures dans son ouvrage (1), mais d'après un dessin inexact du porte-feuille de Gaignières, conservé au Cabinet des estampes de la Bibliothéque impériale.

Les sept autres chapelles qui sont autour du chœur, ont été décorées depuis quelques années avec les dépouilles des Eglises de la ville démolies ou supprimées pendant le cours de la révolution.

La première appelée la Chapelle de S. Lazare est à droite en entrant sous le second bas-côté, en suivant toujours sur la même ligne; la seconde dite la Chapelle de tous les Saints; la troisième nommée de S. Jean-Baptiste; la quatrième, de la Visitation de la Vierge, dite vulgairement la Chapelle de la communion ou des chevaliers (2), l'entrée de cette cha-

___

(1) *Monumens de la Monarchie française*, tom. 3, pag. 193.

(2) Près de cette chapelle de la communion, il existe un escalier en pierre (dont l'entrée est surmontée d'un très-joli fronton gothique) qui conduit à la chapelle de S. Piat, attenante au chevet de la grande Eglise. Cette chapelle a été fondée en 1349, pour douze chanoines, par Aimery de Château-Luisant, évêque de Chartres, et son chapitre. Elle est construite en pierre, et flanquée de deux grosses tourelles placées dans les angles et surmon-

pelle est ornée de deux statues en marbre blanc, représentant Jésus-Christ qui apparoît à Magdeleine après sa résurrection; la cinquième est la chapelle des Pénitenciers sous l'invocation de Notre-Dame de Pitié; la sixième (près de la sacristie) dite de la Flagellation; la septième dite la chapelle de la Transfiguration.

Sous le second bas-côté du chœur à gauche, on voit une niche dans laquelle est placée sur une colonne en pierre de liais, une Madonne ou figure de la Vierge qui a été transférée dans cet endroit en 1772, époque de la démolition de l'ancien Jubé; près duquel elle avoit été érigée vers l'an 1509, par la piété de Vastin de Fugerais, chanoine de cette Eglise (1).

La clôture du chœur est un ouvrage digne

---

tées de pyramides. Cette chapelle est divisée en deux étages. La partie haute servoit aux offices, et la basse aux assemblées capitulaires. Depuis quelques temps on y a mis les archives du département. Près de cette chapelle, il y avoit anciennement une galerie par laquelle les Evêques venoient de leur palais à l'Eglise. Le palais épiscopal est actuellement occupé par la Préfecture du département. Les bâtimens et les jardins qui sont disposés en amphithéâtre, sur le penchant de la colline, font de ce palais un séjour délicieux.

(1) ROULLIARD, *Hist. de l'Eglise de Chartres*, première partie, pag. 34, *verso*.

de l'admiration des connoisseurs, tant par la richesse de son architecture, que par l'heureux choix des ornemens, le fini et la belle exécution des figures. Les principaux traits de la vie de J. C., ainsi que ceux de la vie de la Vierge, y sont représentés en petites figures d'une très-belle proportion. Le tout est couronné par une multitude de pyramides et de découpures à jour, du style gothique le plus riche et le plus élégant, et qu'on peut comparer à ces ouvrages d'orfèvrerie appelés filigranes.

Voici le détail et l'explication des figures qui ornent le pourtour extérieur du chœur.

1. Groupe. Dieu apparoît à S. Joachim, et lui annonce que Sainte-Anne concevra et mettra au monde la Sainte-Vierge. Derrière lui sont des bergers dont l'un joue de sa cornemuse.

2. Priant dans sa chambre, Sainte-Anne reçoit la même annonce; à côté d'elle est un serviteur.

3. S. Joachim et Sainte-Anne se rencontrent à une porte de la ville de Jérusalem, nommée la *Porte Dorée*, et se félicitent de cette heureuse nouvelle.

4. Accouchement de Sainte-Anne; on est prêt à plonger l'enfant dans un bassin d'eau, pour le purifier suivant la coutume des Juifs.

5. La Vierge monte au temple, pour se présenter à Dieu, elle est suivie de son père et de sa mère.

6. Mariage de la Vierge avec S. Joseph; le grand-prêtre leur donne la bénédiction.

7. L'Ange Gabriel annonce à la Vierge, qu'elle deviendra la mère de Dieu.

8. Enceinte de trois mois, la Vierge rend visite à Sainte-Elisabeth, sa cousine, qui étoit enceinte de six mois de S. Jean-Baptiste.

9. La Vierge s'occupe au travail; Joseph se repose : un Ange vient lui dire de n'être point inquiet; que sa femme est enceinte par l'opération du Saint-Esprit.

10. Des Anges viennent adorer l'Enfant-Jésus dans sa crèche; la Vierge et Joseph sont en admiration.

11. La Circoncision de J. C., le huitième jour de sa naissance, suivant la loi des Juifs.

12. Trois Mages viennent de l'Orient pour l'adorer; ils lui offrent l'or, la myrrhe et l'encens.

13. S. Siméon, grand-prêtre, reçoit l'Enfant-Jésus des bras de la Vierge, et le présente à Dieu, son père; (les figures de la Vierge et de S. Joseph ne subsistent plus).

14. Hérode, assis sur son trône, ordonne le massacre des enfans mâles nés depuis deux ans à Bethléem et aux environs. Des mères éplorées, serrant leurs fils entre leurs

bras, cherchent à les sauver et périssent comme ces innocens par le fer des bourreaux. Dans le lointain on aperçoit la fuite en Egypte.

15. J. C. baptisé par Saint-Jean-Baptiste dans le fleuve du Jourdain.

16. Après avoir jeûné 40 jours, J. C. est tenté par le Diable, qui lui présente des pierres, afin qu'il les change en pains. Il le transporte ensuite sur la montagne et sur le pinacle du Temple, où il lui dit : si tu m'adores, je te donnerai toutes ces richesses; mais le Seigneur confond l'esprit malin, en lui disant : il est écrit, tu ne tenteras pas le Seigneur ton Dieu.

17. Une femme Chananéenne se prosterne aux pieds de J. C., et lui demande la guérison de sa fille, qui étoit possédée du Démon. J. C. lui répond qu'il ne faut pas ôter le pain des enfans, pour le donner aux chiens; mais cette femme, animée d'une foi vive, ajoute que les chiens ramassent du moins les miettes qui tombent de la table. J. C. voyant sa foi, lui dit : allez, votre fille est guérie.

18. J. C. ayant mené avec lui ses trois disciples, Pierre, Jacques et Jean, sur le mont Thabor, leur paroît tout resplendissant d'une lumière céleste, ayant à ses côtés Moyse et Elie.

19. Deux vieillards présentent à J. C. une

femme surprise en adultère, et lui demandent quelle punition elle mérite; il leur répond: que celui d'entre vous qui est sans péché lui jette la première pierre; et, après avoir écrit de son doigt sur le sable, il la trouva seule, et lui dit: puisqu'ils ne vous ont pas condamné, je ne vous condamnerai pas non plus; allez, et ne péchez plus.

20. Ayant fait de la boue dans sa main avec de la salive, J. C. guérit un aveugle de naissance, en la lui appliquant sur les yeux.

21. J. C., monté sur un âne, entre en triomphe dans Jérusalem.

22. Les habitans de cette ville viennent au devant de lui, avec des transports de joie, et jettent des palmes et des rameaux sur son passage.

23. J. C. fait sa prière au jardin des Olives: un Ange lui présente le calice d'amertume; ses disciples sont couchés et endormis à quelques pas de lui.

24. Judas trahit son maître par un baiser; S. Pierre tire son glaive, et coupe l'oreille à Malchus.

25. J. C. est conduit devant Pilate, qui le condamne à être flagellé.

26. On l'attache à une colonne pour y être frappé de verges.

27. Il est couronné d'épines: un des bour-

reaux lui présente un roseau pour sceptre, et le salue par dérision, comme roi des Juifs.

28. J. C. élevé sur la croix : la Vierge tombe en foiblesse à la vue de ce triste spectacle; elle est soutenue par S. Jean l'Evangéliste et quelques Saintes-Femmes.

29. La Vierge reçoit son fils à la descente de la croix; deux Anges viennent la consoler.

30. J. C. sort triomphant de son tombeau; les gardes effrayés tombent à la renverse.

31. Trois Saintes-Femmes viennent au tombeau pour y embaumer le corps du Christ, et n'y trouvent qu'un Ange, assis sur la pierre, qui leur dit : il n'est plus ici, il est ressuscité comme il l'avoit prédit.

32. J. C., au milieu des deux pélerins d'Emmaüs, leur explique l'Ecriture et les Prophètes, et se fait ensuite connoître par la fraction du pain.

33. S. Thomas, qui avoit paru incrédule, met ses doigts dans les plaies de J. C., qui lui dit : « heureux ceux qui croiront sans avoir vu. »

34. J. C. apparoît à la Vierge, après sa résurrection.

35. Il monte au ciel en présence des Apôtres.

36. La Vierge et les Apôtres assemblés

dans le Cénacle, y reçoivent le Saint-Esprit en forme de langues de feu.

37. La Vierge, S. Jean l'Évangéliste et les Saintes-Femmes viennent adorer la croix.

38. Mort de la Vierge en présence des Apôtres.

39. Les Apôtres portent son corps au tombeau.

40. Les Apôtres étant prêts à rendre les derniers devoirs au corps de la Vierge, des Anges viennent pour l'enlever au ciel.

41. La Vierge montée au ciel, y est couronnée par Dieu le Père, le Fils et le Saint-Esprit.

Tels sont les sujets que représentent ces figures admirées des connoisseurs et particulièrement de tous les voyageurs qui viennent visiter la Basilique de Chartres.

Les pilastres qui séparent chaque trait d'histoire, ainsi que les murs qui servent de base aux groupes, et de clôture au chœur, sont décorés d'une immense quantité d'arabesques du meilleur goût et d'un dessin varié; de petites niches de colonnes richement décorées et surmontées de statues, de coquillages, de festons, de feuillages et autres ornemens, de médaillons dans lesquels sont en demi-relief les bustes de plusieurs Empereurs romains et autres grands personnages.

Sur cette clôture près de la porte latérale

du chœur, côté droit, il y avoit anciennement deux petits dômes, dans l'un desquels étoit un réveille-matin, contenant un carillon qui, animé par un mécanisme, sonnoit un hymne de la Vierge. L'autre dôme renfermoit une horloge, qui fut détruite pendant la révolution, et dont on voit encore le cadran qui, suivant l'ancien usage, est divisé en 24 heures.

Au dessous des figures de cette clôture, on voit de chaque côté du chœur, trois petites portes qui conduisent dans six chambres pratiquées entre les piliers, dont une servoit à la garde de plusieurs reliquaires précieux, et les autres où couchoient les marguilliers clercs et laïques qui étoient chargés de garder l'Eglise (1).

(1) L'institution de ces marguilliers est fort ancienne ; elle existoit dans plusieurs églises de France, et entre autres à Notre-Dame de Paris. En 1204, Eudes-de-Sully, soixante-quatorzième évêque de cette ville, créa dans sa cathédrale quatre marguilliers prêtres et quatre laïques. — Les quatre prêtres étoient chargés de garder l'Eglise et de sonner les cloches. Cette dernière fonction (quant à ce qui concerne les grosses cloches) a été exercée par un prêtre, dans cette Eglise jusques vers le commencement du dix-huitième siècle, époque à laquelle on la confia à un laïque. Celle de garder l'Eglise a toujours appartenu à un prêtre appelé *chevecier*. *Recueil curieux et édifiant sur les Cloches* (par frère REMY CARRÉ). Cologne et Paris, 1757, pag. 75.

Enfin cette clôture admirable, construite en pierre très-blanche, a été commencée en 1514, par Jean Texier dit de *Beauce*, architecte chartrain (le même qui un an auparavant avoit terminé la construction du clocher neuf) qui y travailla jusqu'en 1529, époque de sa mort (1). Cet ouvrage fut continué sur ses dessins et terminé en 1539, à l'exception des figures du pourtour du sanctuaire qui furent exécutées en grande partie en 1611, par Thibaud Boudin, très-habile sculpteur dont on voit le nom écrit en lettres d'or sur une petite table de marbre incrustée sur cette clôture. Les autres figures ont été successivement faites, d'abord par les Sieurs Dieu et Le Gros, sculpteurs de Chartres, en 1681, et le reste n'a été totalement terminé que de 1700 à 1706.

Les embellissemens du chœur de l'Eglise métropolitaine de Paris, ordonnés par Louis XIV, et exécutés avec le luxe et la magnificence que ce Prince mettoit ordinairement dans toutes ses entreprises, inspirèrent sans doute aux chapitres cathédraux, l'idée d'en faire de même dans leurs Eglises respectives.

(1) Le chapitre de l'Eglise de Chartres, par une considération particulière pour cet architecte, le fit honorablement enterrer à ses dépens dans l'Eglise de Saint-André, le 29 décembre 1529.

L'évêque de Chartres, M. de Fleury, entraîné par l'exemple, forma aussi le projet avec son chapitre de faire décorer le chœur de sa cathédrale.

Les nouveaux embellissemens furent commencés en 1772, sur les dessins de M. Louis, architecte du duc d'Orléans, qui dirigé par le mauvais goût qui régnoit alors dans les arts dépendans du dessin, dénatura le système d'architecture de cette Eglise.

Cet architecte, sans changer les formes gothiques, en altéra les beautés, en y adaptant des ornemens dont l'incohérence produit un contraste choquant avec l'ancienne architecture.

Alors cette noble simplicité des piliers, des chapiteaux, des colonnes, ce jeu des nervures, des ogives, tout cela disparut sous le fracas des marbres, des stucs, des dorures et autres ornemens dont l'aspect a détruit cette unité, cet accord des parties, caractères qui distinguent un bel ensemble, et que plusieurs siécles avoient respectés dans ce temple.

L'ancien jubé (1) fut détruit à l'époque de

___
(1) Ce jubé avoit été construit vers l'an 1100 par Yves, soixante-troisième évêque de Chartres. Il présentoit, au devant du chœur, une espèce de péristyle de 66 pieds de longueur sur 12 pieds 9 pouces de largeur, divisé par sept arcades de front,

ces embellissemens, pour faire place à deux massifs en pierre de Tonnerre, décorés de deux bas-reliefs; celui à droite représente l'Annonciation de la Vierge, et l'autre à gauche le Baptême de J. C. Ces bas-reliefs sont accompagnés de quatre figures en ronde-bosse, de grandeur naturelle, placées sur des piédestaux au devant des pieds-droits des massifs, représentant la Charité, la Foi, l'Humilité et l'Espérance. Toute la sculpture a été exécutée par le Sieur Berruer, membre de l'ancienne Académie de sculpture.

L'espace qui règne entre les deux massifs est occupé par une grande grille composée de fers droits. Elle est divisée en 2 pilastres et une porte à deux vantaux de chacun 4 pieds 10 pouces de largeur sur 15 pieds de hauteur, et surmontée d'une architrave avec une large frise au dessus de laquelle est un couronne-

en forme de trèfle, soutenues par des colonnes, chacune d'une seule pierre. On y montoit par deux escaliers qui avoient leur entrée particulière des deux côtés de la porte du chœur. Ce jubé étoit orné de bas-reliefs et autres sculptures. Aux deux extrémités, il y avoit deux armoires contenant des lits où couchoient les deux marguilliers laïques chargés de la garde de l'Eglise. *Histoire de l'Eglise de Chartres*, par ROULLIARD, première partie, pag. 134.

ment orné du chiffre de *Marie*, qui a pour amortissement une croix accompagnée de rayons. Cette grille est enrichie de cassolettes, d'attributs et d'emblèmes propres à la Vierge. Elle a été exécutée par le Sieur Perès, maître serrurier de Paris; les ornemens ont été faits par le Sieur Prieur, fondeur-ciseleur.

Le chœur a de longueur, depuis la grille d'entrée jusqu'au fond du sanctuaire, 110 pieds sur 43 pieds de largeur du nu d'un pilier à l'autre. Il est pavé en carreaux de marbre blanc et gris, disposés en échiquier.

Les stalles exécutées en 1786, sont simples, mais le travail en est soigné; les hautes stalles sont surmontées d'une frise très-délicatement sculptée. Au dessus de ces stalles, de deux côtés du chœur sont huit grands bas-reliefs en marbre blanc, encadrés de marbre bleu-turquin, et représentant :

A droite.
1. La Conception de la Vierge.
2. L'Adoration des Rois-Magés.
3. Une Descente de Croix.
4. Le Vœu de Louis XIII. Par sa déclaration du 10 février 1638, ce monarque mit son royaume sous la protection de la mère du Sauveur.

A gauche.
> 5. Le Prophète Isaïe prédit à Achaz, roi de Juda, qu'une Vierge enfantera.
> 6. L'Adoration des Bergers.
> 7. La Présentation de J. C. au temple.
> 8. Le Concile d'Ephèse prononçant la déposition de Nestorius, l'an 431.

Parmi ces bas-reliefs, on admire particulièrement la Descente de Croix dont les figures sont pleines d'expression; ils ont été exécutés en 1788 par M. Bridan, statuaire.

Le sanctuaire a 36 pieds de longueur sur 43 pieds de largeur. On y monte par trois marches en marbre de Languedoc, disposées en demi-lune; trois autres marches de la même forme servent pour monter au grand-autel.

Le grand-autel qui occupe le fond du sanctuaire est en marbre bleu-turquin, enrichi d'ornemens en bronze doré en or moulu. Sa forme est celle d'un tombeau antique. De chaque côté de l'autel, il y a trois gradins sur lesquels sont placés six candélabres de bronze doré en or moulu, de 5 pieds 2 pouces de hauteur, d'un travail soigné (1). Sur l'autel est un tabernacle en bronze doré en or moulu, de forme ovale, enrichi d'ornemens sur lequel est un Christ dont le modèle a été exécuté par M. Bridan.

Au dessus du grand-autel, s'élève un groupe en marbre blanc de Carrare de 18 pieds de haut sur 13 pieds de large, composé de quatre figures, et représentant l'Assomption de la Vierge. Ces figures, qui sont unies entre elles par des nuages, ont 9 pieds de proportion.

Ce groupe, formé de quatre blocs, de marbre, est, sans contredit, l'idée la plus belle et la plus heureuse qu'on ait pu concevoir pour la décoration d'un temple dédié à la Vierge, et dont il offre l'image frappante de son triomphe. On admire la belle disposition des masses. L'attitude de la Vierge est vraie et noble : elle s'élance dans les airs avec majesté; ses bras affectueux semblent porter les

---

(1) On doit remarquer que la disposition de ces gradins, de chaque côté de l'autel, a été faite conformément à l'ancien usage de l'Eglise, qui n'admettoit aucun cierge sur les autels, par respect pour le Saint-Sacrifice : cela se pratiquoit ainsi à Notre-Dame de Paris, dans les douzième et treizième siécles. Voyez l'*Histoire de la ville de Paris*, par les Pères Félibien et Lobineau, tom. 1, pag. 319.

[71]

hommages de la terre qu'elle quitte, au séjour éthéré, vers lequel elle monte sans effort.

Ce grand ouvrage de sculpture a été exécuté par Charles-Antoine Bridan, statuaire, en 1773 (1). Le Chapitre de cette Eglise en

(1) Cet artiste se rendit exprès en Italie, et choisit un hameau près de la petite ville de Carrare, où il fixa sa demeure, au sein de cette chaîne de montagnes si riche en beaux marbres. Après deux ans et demi de recherches pénibles, il découvrit quatre blocs de marbre les plus sains, du grain le plus pur, dans les dimensions qu'exigeoit l'exécution de son groupe. Ces blocs, extraordinaires par leur volume, furent bientôt épannelés, d'après l'appareil qu'il en avoit tracé lui-même. On les embarqua au port voisin où ils furent conduits à Marseille, ensuite à Rouen, où ils arrivèrent; de là ils remontèrent la Seine jusqu'au port de Marly, où ils furent débarqués et chargés sur des équipages d'une structure ingénieuse et capable de résister sous de tels fardeaux. On les conduisit à Chartres par Versailles. De retour dans cette ville, M. Bridan présida au premier emploi des marbres pour la construction de son groupe; et, après trois ans de travail assidu, il convertit une masse de 234 pieds superficiels, et de 1640 pieds cubes de marbre, en un tableau dans lequel toutes les figures agissent et respirent, et dont l'ensemble contribue singulièrement à l'ornement de cette Basilique.

Le lecteur apprendra avec intérêt que ce groupe de l'Assomption, et les huit bas-reliefs qui déco-

fut si satisfait, qu'indépendamment du prix convenu avec lui, il accorda à cet artiste, d'une voix unanime, dans un Chapitre général, une pension viagère de 1000 liv., dont la moitié devoit être reversible sur la tête de son épouse.

Les sept arcades du sanctuaire sont revêtues en stuc. Avant la nouvelle décoration, les faisceaux de trois colonnes (qui reçoivent la retombée des arceaux des voûtes), dont chaque pilier est accompagné, reposoient sur les chapiteaux des piliers, et présentoient autant de porte-à-faux. Pour rectifier ce vice de la première bâtisse, ces colonnes ont été prolongées jusqu'au bas des piliers, et revêtues de stuc jaune de Sienne jusqu'à la hauteur des galeries. Le pourtour intérieur du sanctuaire est incrusté de marbre blanc veiné,

rent le chœur de cette Eglise, ont été menacés d'une entière destruction.

Les huit bas-reliefs ont été recouverts de chassis de toile peinte, sur lesquels on imprima des strophes d'hymnes en l'honneur de la nouvelle Divinité; et ces morceaux précieux de l'art échappèrent ainsi à la destruction.

M. Bridan, professeur de l'ancienne Académie de peinture et de sculpture de Paris, et depuis des Ecoles spéciales des beaux-arts, est décédé dans cette ville le 28 avril 1805. Voyez sa *Notice historique* publiée par M. Viel, architecte. Paris, 1807, in-4.°

formant un lambris de 4 pieds 6 pouces de hauteur. Les baies des arcades sont ornées en dedans de pilastres corinthiens, revêtus de stuc vert antique, et surmontées d'un archivolte en stuc blanc, dont tout le contour en dessous est orné de caissons enrichis de rosaies dorées. Les tympans au dessus des arcades sont revêtus de stuc vert, et décorés de branches de lys en bronze doré en or moulu. L'intervalle qui règne entre chaque travée se trouve rempli par un mur revêtu en stuc, et décoré de draperies bleues azurées avec franges dorées. Le pavé du sanctuaire est composé de plusieurs compartimens en marbre de diverses couleurs, d'un très-bel ensemble. Tous les ouvrages en stuc ont été exécutés par le Sieur Hermand, sculpteur-stucateur de Paris; et ceux en marbre, par le Sieur Montleveau, marbrier de la même ville.

Au bas des marches du sanctuaire, et vis-à-vis des portes latérales du chœur, sont suspendues deux lampes en bronze doré en or moulu, de 8 pieds de hauteur, sur 2 pieds 4 pouces de diamètre, d'une très-belle forme, et dont les chaînes sont attachées à quatre petites figures d'enfans; le tout est enrichi d'ornemens d'un travail soigné et de bon goût. Ces deux lampes ont été exécutées par le Sieur Prieur, fondeur-ciseleur (1).

(1) *Nouvelle Hist. de l'Eglise de Chartres*, etc., etc.;

La sacristie de cette Eglise, dont l'entrée est sous le bas-côté du chœur à gauche, paroît être d'un style gothique, du commencement du treizième siécle. L'intérieur de cette sacristie n'offre rien de remarquable qu'une suite de portraits des évêques de Chartres, et quelques autres tableaux.

Le trésor de cette Eglise renfermoit un nombre assez considérable de châsses, de reliquaires et autres objets d'orfévrerie, qu'on devoit à la piété et à la munificence des plus grands personnages. Ils ont été enlevés et détruits en 1793 (1).

Parmi cette multitude de monumens variés des arts, on remarquoit particulièrement un reliquaire, dit *la Sainte-Châsse*, exécuté vers la fin du dixième siécle par un orfèvre nommé Thendon. Cette châsse étoit en bois de cèdre, revêtu de lames d'or, décorées de figures et d'ornemens, enrichie d'un grand nombre de pierres précieuses et de dons offerts en différens temps par la piété de plusieurs rois, princes et autres personnages. Dans cette châsse étoit renfermé un coffret

---

par Vincent SABLON. Chartres, veuve *Deshayes*, 1808, petit in-12, pag. 142 et suiv.

(1) Voyez la description de ce trésor dans l'*Histoire de l'Eglise de Chartres*, par ROULLIARD, première partie, pag. 203.

en or, contenant deux grands voiles, dont l'un vulgairement appelé *la chemise de la Vierge* avoit été envoyé à Charlemagne vers l'an 803, par Nicéphore, Empereur d'Orient, et donné à l'Eglise de Chartres en 877 par Charles-le-Chauve (1). Ce monument curieux, devenu pendant plus de neuf cents ans l'objet de la vénération des Chartrains, de plusieurs de nos rois et reines, et d'une foule de personnes pieuses, qui sont venues en tout temps en pélerinage à Chartres, a échappé aux fureurs du vandalisme. M. Maillard, curé de l'Eglise de Notre-Dame, qui en est actuellement dépositaire, a eu la complaisance de nous le faire voir, et d'en permettre la publication (2).

(1) Extrait d'un *manuscrit* communiqué par M. Masson.

(2) Ce voile a été gravé par M. WILLEMIN, et se trouve dans un ouvrage qu'il publie actuellement sous le titre de *Monumens français inédits*, etc. Cet ouvrage, exécuté avec le plus grand soin et l'exactitude la plus scrupuleuse, d'après les monumens et les manuscrits, offre une galerie aussi utile qu'intéressante, de costumes civils et militaires, d'instrumens de musique, de meubles de toute espèce, et de décorations intérieures de maisons, depuis le commencement de la monarchie jusques et compris le règne de Louis XIV. Cet ouvrage, qui a exigé de l'auteur de longues recherches, non-seulement à Paris, mais dans nos provinces,

Ce voile, d'une espèce de mousseline, a 6 pieds de longueur, sur 18 pouces de largeur. Il est enrichi de plusieurs frises dans le goût asiatique, et parsemé d'ornemens hiéroglyphiques. L'autre voile, dont il a été parlé ci-dessus, est d'un tissu de soie.

Indépendamment de la grande Eglise dont nous venons de donner la description, il en existe une autre au dessous de celle-ci, dite l'*Eglise-sous-Terre*, et dans laquelle on descend par cinq escaliers différens, savoir : le premier est sous le clocher-vieux, le second sous le clocher-neuf, le troisième, dont l'entrée est sous le porche-côté du septentrion, le quatrième près de la sacristie, et le cinquième a son entrée à côté du porche qui regarde le midi.

Cette Eglise souterraine est composée de deux longues nefs, pratiquées sous chaque bas-côté de l'Eglise haute; les voûtes sont en arête : celle de la chapelle de la Vierge est décorée d'arabesques peintes en grisaille rehaussée d'or. Dans toute la partie qui est située sous le pourtour du chœur, il y a treize chapelles, qui étoient toutes décorées avant

doit être distingué d'un autre qu'on publie actuellement sur la même matière, et qui n'est qu'une compilation, sans goût et sans discernement, faite d'après des gravures et des dessins inexacts.

la révolution, et parmi lesquelles on remarquoit particulièrement celle de la Vierge. Cette dernière étoit revêtue en marbre et enrichie de peintures et de dorures; on y voyoit aussi un nombre assez considérable d'*ex-voto*, que la piété des fidèles y avoit offert en différens temps. Il y avoit autrefois une très-ancienne figure de la Vierge, assise sur une espèce de trône, et tenant sur ses genoux J. C. enfant, qui avoit la main droite élevée, et de l'autre tenoit un globe. Ce monument étoit un des objets de la piété des fidèles. C'est à cette chapelle de la Vierge que de temps immémorial, une foule de personnes pieuses venoient de toutes parts en pélerinage y faire leurs dévotions. Près de la marche de l'autel, il existe un ancien puits, appelé *le Puits des Saints-Forts*. Suivant Roulliard, il porte ce nom, parce que Quirinus, gouverneur de la ville de Chartres, pour l'Empereur Claude, et grand persécuteur des Chrétiens, après en avoir fait passer plusieurs au fil de l'épée, ordonna que leurs corps seroient jetés dans ce puits (1).

Indépendamment des deux nefs et des chapelles dont il vient d'être parlé, et qu'on nomme *les Cryptes* et *Saints-Lieux-Souterrains*, il existe sous les bas-côtés de la croisée

---

(1) Voyez la *Parthénie*, première partie, pag. 118.

de l'Eglise haute, quatre grandes caves voûtées où l'on descend par des escaliers pratiqués à côté des portiques latéraux.

Sous le sanctuaire est un grand caveau où l'on arrive par un escalier au milieu duquel est une porte de fer. On ne peut pénétrer dans cet escalier que par le moyen d'une pierre à tiroir formant une des marches du sanctuaire. Dans ce grand caveau se trouvent cinq autres petits caveaux pratiqués dans l'épaisseur et les fondemens des piliers du rond-point. A gauche du grand caveau, est un autre caveau fermé d'une porte de fer, et dans lequel se trouve un trou qui se ferme avec une pierre recouverte de terre. C'est dans ce réduit que l'on cachoit la *Sainte-Châsse* dans les temps de guerre et de troubles. Un autre caveau, près de celui ci-dessus, est aussi fermé d'une porte de fer.

Enfin sous le bas-côté du chœur, à gauche, se voit encore un caveau dans lequel est un cul de basse-fosse, puis un autre où se trouve une grande cuve de pierre, en forme de salloir où l'on pouvoit conserver des viandes : près de ce lieu il existe un caveau appelé le *Chenil*, où l'on retiroit pendant le jour les chiens destinés à la garde de l'Eglise pendant la nuit.

Cette Eglise souterraine, et les différentes distributions qui l'accompagnent, ont été construites, comme je l'ai déja dit, vers le commencement du onzième siécle, par l'évêque Fulbert, en mémoire du culte que les Druides y avoient érigé (dans une grotte) en l'honneur de la Vierge, qui devoit enfanter, et c'est sur l'emplacement de cette grotte que la chapelle de la Vierge a été bâtie.

Dans le côté droit de l'Eglise souterraine, on voit une ancienne cuve en pierre, enrichie d'ornemens, qui servoit de fonts baptismaux. Sa forme et le style de la sculpture, indiquent qu'elle a été exécutée dans le onzième siécle.

Telles sont les particularités les plus intéressantes que nous avons pu recueillir sur ce temple célèbre, qui a résisté aux ravages des temps pendant l'espace de sept à huit siécles. Sa conservation est due à une longue suite d'évêques, de chanoines, et récemment à une réunion de citoyens zélés de cette ville qui ont entrepris de le faire restaurer : on doit distinguer parmi eux, MM. *Masson, Dauphinot, Barrier, Du Temple, Rougemont, Legault, Dabit, Lesage, Montéage, Lafoi, Duchesne,* etc. Encouragés et secourus par les administrations alors en exercice, aidés des secours pécuniaires d'un grand nombre d'habitans aisés, et des travaux manuels d'une foule d'artisans, dont plusieurs, quoique peu fortunés, ont fourni des journées gratuites, ces estimables citoyens sont parvenus à remettre ce beau monument des arts, digne de l'admiration de tous les siécles, dans l'état où nous le voyons aujourd'hui (1).

(1) Le frontispice du *Bréviaire de Chartres* (édit. de 1783) est orné de plusieurs vues de ce monument, dessinées et gravées avec autant d'exactitude que d'esprit et d'intelligence, par le Sieur Sergent, graveur de cette ville. La Bibliothéque publique de Chartres possède deux grands dessins représentant les clochers de cette Eglise, dont les détails intéressans sont exprimés avec beaucoup de soin et d'exactitude.

www.ingramcontent.com/pod-product-compliance
Lightning Source LLC
LaVergne TN
LVHW020943090426
835512LV00009B/1690